親鸞教学の課題と論究

田代俊孝
Shunkō Tashiro

方丈堂出版
Octave

親鸞教学の課題と論究＊目次

Ⅰ

Ⅱ

凡　例

一、出典については、以下のように略記した。
・『大正大蔵経』→『大正蔵』
・『定本親鸞聖人全集』→『定親全』
・『真宗聖教全書』→『真聖全』
・『浄土宗全書』→『浄全』
・『続浄土宗全書』→『続浄全』
・『法然上人伝全集』→『法伝全』
その他の引用も含めて、巻数、頁数は、巻数―頁数の順で示した。

　親鸞聖人の著作については、原則『定本親鸞聖人全集』(法藏館)により、それに収載されないものは『真宗聖教全書』(大八木興文堂)によった。三経七祖については、原則『真宗聖教全書』によった。
一、漢文は書き下した。
一、引用文、及びその送り仮名、左訓はひらがなに統一した。
一、漢字は原則、書名を除いて常用漢字を用いた。例外もある。例えば「无」等。

I

一、「得無生忍」による生死の超越

――曇鸞の課題と『観経』理解の一つの視座――

はじめに

『観経』は王舎城の悲劇、とりわけ韋提希をとおして、人間のもつ直接的な課題に応える経典である。それゆえ、先学は機の真実を顕す経典として見てきた。この経典では悲劇の主人公、韋提希夫人は牢獄において、

「唯、願わくは世尊、我がために広く憂悩なき処を説きたまえ。(1)」

と哀願し、その結果、「廓然として大きに悟りて無生忍を得」たと記されている。また善導によれば、韋提希夫人は第七華座観で住立空中の阿弥陀仏を拝して、弘願に出遇ったとし、弥陀の弘願そのものを「除苦悩法」とする。ところで、従来、この経典は、母が子を「悪子」と呼び、子が母を「我が母はこれ賊なり」と誇るゆえ、そのことから人間関係を学ぶ経典であるという見方もあった。そして、阿闍世と韋提希夫人に自らを引き当て、そのどろどろとした人間関係を克服することが救いであると、受け止められてきたむきもある。もちろん、経典であるがゆえに、自身の課題を直接問い、そこからその応えを見出すことは当然であり、経典とはそれに応えてくれるものである。したがってそのような経典の読み方も否定されるものではない。

しかし、実際に韋提希の苦悩は何だったのか。また、なぜその悟りを無生忍と呼ぶのだろうか。

本来、仏教とは、生死を解脱するものであり、『観経』とて例外ではない。人間の根源的苦悩である生死の苦をいかに超えるか、という「生死出離の道」を説くものである。

現代社会における、高齢化、末期癌やエイズなど治らない病の患者の増加といった諸状況の中で生死を超えることが、改めて問われている。それゆえ、高度成長期の中で忘れていた「死」の問題を課題としつつ、改めて「無生忍を得る」という本来的視座から『観経』を見てみたい。

（一）

さて、阿闍世によって頻婆娑羅王は牢獄に繋がれ、そして他日殺された。韋提希も今まさに殺されんとしている。親子の人間関係どころか、ともに死に直面していたのである。善導が言うごとく文字通り、「生死出離」の道を求めていたのである。

思えば『正信偈』に「三蔵流支授浄教　焚焼仙経帰楽邦」と示される。これは『続高僧伝』によるものであるが、この浄教とは『観経』とされる。曇鸞は『観経』に真の「長生不死の法」を学んだのである。されば、曇鸞もまた、『観経』をそのような視座で学んでいたのである。

ところで「禁父縁」の所説の中で、牢獄に繋がれた頻婆娑羅王は、

「時に目犍連、鷹隼の飛ぶが如くして、疾く王の所に至る。日々にかくのごとくして王に八戒を授く。世尊、また富楼那を遣わして、王のために法を説かしむ。かくのごときの時の間、三七日を経るに、王麨蜜を食し、法を聞くことをうるがゆえに、顔色和悦なり。(2)」

と、目連から八戒を授かり、富楼那から説法を聞くことを得るがゆえに顔色和悦であった。死を前にした王は安らかであった。しかし、王は食を絶たれ、他日死す。

一方、「厭苦縁」の所説の中で、韋提希夫人は、牢獄に幽閉され、

「悲泣雨涙して、はるかに仏に向かいて礼したてまつる。未だ頭を挙げざる頃に、そのときに世尊、耆闍崛山にましまして、韋提希の心の所念を知ろしめして、すなわち大目犍連および阿難に勅して、空よりしてきたらしめたまう。仏、耆闍崛山より、王宮に没して出でたもう。時に、韋提希、礼し已りて頭を挙げて世尊釈迦牟尼仏を見たてまつる。（中略）時に韋提希、仏世尊を見たてまつりて、自ら瓔珞を絶ち、身を挙げて地に投ぐ。号泣して、仏に向かいて、申して言さく、「世尊、我、昔何の罪ありてか、この悪子を生ずる。世尊また何等の因縁ましましてか、提婆達多と共に眷属たる。[3]」」

と、見仏し、さらに、死を前にして憔悴したあと怒りを露わにする。

夫の王を殺され、今、自身も死に直面している。死をいかに受け容れるかである。それにいたるにはE・キューブラー・ロス博士のいう、死に対する「否認」「怒り」「取り引き」「抑鬱」「受容」といった種々の段階[4]すら読み取れる。

厭苦とは、死の「否認」であり、悪子と罵る激しい「怒り」がある。また、「願わくは世尊、広く憂無きところを説きたまえ。」ならば、「我、当に往生すべし。」と「取り引き」すら見られる。さらに、愁憂憔悴の「抑鬱」状態である。

E・キューブラー・ロス博士の死への五段階説を『観経』が裏づけるとはいわないまでも、明らかに韋提希は心理的にも死に直面していることは、言うまでもない。

そして、「欣浄縁」において韋提希夫人は、

「唯、願わくは世尊、我がために広く憂悩なき処を説きたまえ。我当に往生すべし。[5]」

と、極楽世界の阿弥陀仏の所に往生することを願う。つまり、生死の超越を願うのである。次いで、「散善顕行縁」で世尊は韋提希にいう。

「汝、今知れりやいなや、阿弥陀仏、ここを去りたまうこと遠からず。[6]」

絶対無限との出会いによる生死の超越を説き、釈尊は自己を超えたもの、つまり、絶対無限の阿弥陀をいかにして韋提希にわからせるかに心を砕かれた。すなわち、有限の凡夫であることの自覚を促すとともに、「如来の異の方便」をもってするのである。

かくして、韋提希は「得益分」にて、

「廓然として大きに悟りて無生忍を得[7]」

と記されるように、生死を出離したのである。すなわち、浄土＝無生の宝国（『観念法門』）へ往生したのである。『観経』は人間関係を良くする処世術どころか、明らかに、生死の苦を超えていくことを説いた経典である。無生忍を得るための経典である。

思うに、経典理解の視座は、常に問う側、学ぶ側の課題が反映される。われわれ現代人はほんのここ数十年の間、高度成長の中で死が直接課題とならず、死を忘れていた。だが、それ以前の『観経』理解は、今よりも、もっと生死の苦を超える経典としての『観経』理解であった。それゆえ、このような視座の指摘は本来的な見方に帰ったともいうことができよう。

（二）

ところで、「無生忍」とは、単に「さとり」とされるが、本来的には、いかなる意味であろうか。

『宝積経』二十六に、

「無生忍とは、一切諸法の無生無滅を忍ずるが故なり。(8)」

と説かれる。

また、『智度論』五十には、

「無生法忍とは、無生滅の諸法実相中において信受通達無礙不退なり。これを無生忍と名づく。(9)」

といい、『同』七十三に、

「此の無生法を得るとは諸の業行を作さず起こさず、是れ得無生法忍と名づく。得無生法忍の菩薩は是れ阿鞞跋致と名づくなり。(10)」

と示されるように、それは、諸法の不生不滅の理を感じて、これを諦忍し、不退転地に住するものである。

しかるにそれは『大乗義章』一二に、

「龍樹の説の如く、初地已上亦無生を得。もし、仁王経および地経によらば無生は、七八九地にあり。(11)」

と示されるごとく、初地以上の菩薩、あるいは、七、八、九地の得べき、悟りとされるのである。言うまでもなく、無生滅法忍、無生法忍の略であり、生無く、滅無き空なる真如の妙理に目覚めることである。忍は認可決定の義であり、智慧をもって悟ることである。つまり、不生不滅、すなわち、一切法畢竟不生の理を諦認し、安住することである。

無生とは、無生の生であり、生とか滅といった迷執を超えた真実報土の証ということであり、無上涅槃の世界は生滅の諸法を超えた絶対の世界であるから、無生というのである。そして、そこへ至ることが認可決定するのである。

そして、そのことを親鸞は、『浄土和讃』に、

「無生忍
ふたいのくらゐとまうすなり。かならずほとけになるべきみとなるなり。[12]」

と左訓によって釈し、「正定聚不退転」と同意義に理解している。つまり、他力の信心の利益として、現生に無生忍を得ると理解される。名号が無生法なるがゆえに、これを信じた者は自ら無生法を認可して不退転に住するとするのである。

また、『尊号真像銘文』には、同様に、

「勢至菩薩、のたまはく、我本因地　以念仏心　入無生忍　今於此界　摂念仏人　帰於浄土といへり。我本因地といふは、われもと因地にしてといへり。以念仏心といふは、念仏の心をもてといふ。入無生忍といふは、無生忍にいるとなり。今於此界といふは、いまこの娑婆界にしてといふ也。摂念仏人といふは、念仏の人を摂取してといふ。帰於浄土といふは、念仏の人おさめとりて浄土に帰せしむとのたまへるなりと。[13]」

と、「現生不退」で理解している。

もっとも、『歎異抄』においては、唯円は、

「弥陀の光明にてらされまひらすゆへに、一念発起するとき金剛の信心をたまはりぬれば、すでに定聚のくら

ゐにおさめしたまひて、命終すればもろもろの煩悩悪障を転じて、無生忍をさとらしめたまふなり。[14]」

と、無生のさとりそのものに力点をおいて、忍を軽視している感がある。

ともかくも、無生忍とは、無生無滅の道理に目覚めて、現生に生死を超えていくことである。凡夫である韋提希はいかにして、無生忍を得たのであろうか。つまり、生死を超断したのであろうか。まず曇鸞から尋ねてみたい。

（三）

さて、曇鸞の『観経』理解は、前にも示した『続高僧伝』のエピソードが示すように、生死を超えるという視座からのものである。曇鸞の著『浄土論註』には、『観経』をベースにした「生即無生」の念仏往生の理解がある。「上巻」「願生楽国」の釈下（作願門）に、

「問て曰く。大乗経典の中に處處に衆生は畢竟無生にして、虚空の如しと説けり。云何ぞ天親菩薩願生とのたまうやと。答えて曰く。衆生無生にして虚空の如しと説くに二種あり。一者には凡夫の如き、いわゆる実の衆生なり。凡夫の見る所の実の生死の如きはこれ所見の事、畢竟じて所有無きこと亀毛のごとし。虚空の如し。二には、謂く諸法は因縁生の故に即ち是れ不生なり。所有無きこと虚空の如し。天親菩薩の願ずる所の生は是因縁義なり。因縁義のゆえに仮に生と名づく。凡夫の実の衆生、実の生死有ると謂うが、如きには非らざるなり。[15]」

と述べられる。

つまり、ここでは天親の願生論にことよせて二つの無生が述べられる。第一の立場は凡夫有情の実体視としての

虚妄の無生であり、第二の立場は因縁無生である。

そのことはさらに、「下巻」（観察体相章）「入第一義諦」の釈下でも次のように記される。

「建の章に、「帰命无碍光如来願生安楽国」とのたまへり。此の中に疑有り。疑て言ふこころは、生は有の本、衆累の元《もと》たり。生を棄てて、生を願ず。生何ぞ尽くべきや。此の疑を釈せむために、是の故に、彼の浄土の荘厳功徳成就を観ず。明らけし、彼の浄土は是れ阿弥陀如来の清浄本願の無生の生なり。三有虚妄の生の如きには非ざるなり。何をもってこれを言うとならば、夫れ法性清浄にして、畢竟無生なり。生と言うは是れ得生の者《ひと》の情耳《こころき》くのみと。生苟《まこと》に無生なり。生何ぞ尽る所あらむ。それ生を尽さば、上は無為能為の身を失し、下は三空・不空の痼《やまい》（廃也病也工路反）に醧《よい》（酔亡善反）なむ。根敗し永く亡じて三千を踋《さけ》び振《ふる》う。無反無復斯にして恥を招く。躰、それ理より生じ、これを浄土と謂う。[16]」

すなわち、ここでは生の意義を三界虚妄の実体的・対象的なものでなく、如来の清浄本願によるところの無生の生とする。法性の生であり、究極的に生なきものである。願生の生は、ひとえに浄土に生を得んとするものの情を表すものにほかならないとする。また、それゆえ、生は断じ尽きないとする。情とは主体であり、実存である。そして、その生まれる世界を浄土と名づけているのである。

さらに、同じ段で、

「問うて曰く。上に生は無生を知るというは、当に是れ、上品生の者なるべし。若し下下品の人の十念に乗じて往生するは、豈実の生を取るに非ず耶。但実の生を取らば即ち二執に堕しなん。一には恐らくは往生を得ざらんことを。二には恐らくはさらに生の惑いを生ぜんをや。答う。譬ば浄摩尼珠これを濁水に置けば、水即ち清浄なるが如し。若し無量生死の罪濁に有ると雖も、彼の阿弥陀如来の至極無生清浄の寳珠の名号を聞きて、これを濁心に投ずれば、念念の中に、罪滅し心浄じて即ち往生を得。(17)」

と示される。つまり、摩尼珠と濁水のたとえで、人はたとえ、量り知れない生死罪濁の中にあっても、彼の阿弥陀如来のこの上もない無生清浄の宝珠のような名号を聞いて、これを濁った心に投じれば、下下品の人であっても念々のうちに罪を滅し、清らかになって、往生することができるというのである。しかも、ここでは名号のことを「無生清浄の宝珠の名号」と呼び、それを無生法と領解しているのである。

また、続いてそこでは、

「彼の清浄仏土に、阿弥陀如来無上の寶珠まします。無量壮厳功徳成就の帛をもって、裹《つつ》んでこれを往生する所の者の心水に投ずれば豈に、生身を転じて、無生の智と為ること能はざらむや。(18)」

と釈される。ここでも、阿弥陀の名号を称する用きをもってして、どうして生見を転じて、無生の智とならないことがあろうかとことさら強く述べる。つまり、仏名を称することによって、実の生ありとする見方が転ぜられて、無生の智慧となると述べるのである。

このように、『論註』においては、無生無滅の立場から、如来清浄本願によるところの「無生の生」という生滅を超越した絶対永遠の生が説かれている。つまり、自身よりも先に存在する仏に願われた生であることを示す。そして、その生を獲ることを願生浄土極楽往生といい、その在り方を生死即涅槃と示す。もちろん、それが、無量の法たる名号によって成就すると説かれているのである。しかも、その生は決して実体的な立場の生ではなく、主体的立場でのものであり、浄土に生を獲んとするものの情としてあらわれてくるものである。生死そのものが阿弥陀の本願力による無生の生であり、有無という概念を離れた如来回向の生と見られたのである。そして、そのものが念仏によって獲られると受け止められたのである。

いみじくも、それは『続高僧伝』に示される仙経のエピソードがよく示すところである。曇鸞は長生不死の法が仏道にあることを知らず、実の生に執らわれ、外道にそれを求めた。仏道に身を置きつつ、仙経にそれを求めるとは、文字通り、内実は外道である。その迷いとは、生命を実体視して、自分の物と執着する迷いである。方法さえみつかれば、長くもでき、短くもできると思っている。長くすればしたで、あるいは、得れば得たでまた、そこにエゴの執着があることに彼は気づかなかった。それをさますものが他なるものの用き、つまり、如来の智慧であり、浄摩尼珠の如き念仏であったと知ったのである。曇鸞は、今、菩提流支に自分の迷いをさまされ、『観経』に説かれる念仏によって無生忍、つまり、「長生不死の神方」にめざめたのである。

(四)

さて、無生法忍は初地以上あるいは、七、八、九地の菩薩の悟りとされていたものがそのまま十信位に属する凡夫の得る忍と理解されたのは、正しく善導の発揮である。

善導は『観経』の韋提希の得忍をめぐって「古今楷定」の妙釈をした。元来、『観経』は善導以前の諸師（吉蔵・浄影・智顗）によれば定散二善を主題として説く経典であった。つまり、あの王舎城の悲劇も釈尊が定散二善を説く発端としての単なる序説であるとの見方に立ち、その登場人物をすべて菩薩の化身であると見た。

しかし、善導は経文の主体的な理解により、つまり、釈尊の「汝はこれ凡夫なり」（「序分」）の言に従い、韋提希を「心想羸劣」（同）の実業の凡夫として見、経典そのものが、生死の苦をどう超え、共にどう救われていくかを説いた経典であると見た。すなわち、その韋提希に代表される一切の凡夫が、いかにして救われていくかを説いた凡夫救済の経典と見たのである。したがって、上来、説かれる定散二善は、その行じ難さと、及び難きわが身という自覚によって「ただ念仏」を知らせんがための方便と見た。それゆえ、流通分に説かれる「汝好くこの語を持て。この語を持てというは、すなわち、これ無量寿仏の名を持てとなり。」を結論と見、『観経』そのものを一転して、念仏の経典と見たのである。

もとより、韋提の救いは「廓然として、大きに悟りて無生忍を得」(「得益分」)と言われるように、無生忍の自覚による救いである。されば、善導は、いかなる手法を用いて凡夫の得忍を領解したのであろうか。

善導は、韋提希が釈尊の正しき説法を聞いて、無生忍を悟ったという利益を得たのは『観経』説法中のいずれの時であったかをはっきりさせ、それに対する諸師の誤りを簡び分けるという方法を用いた。すなわち、諸師は韋提希の得忍を定散両門の説法を開き終わった聞経の利益と見たのに対し、善導は、第七華座観での見仏の利益と見たのである。善導はこの経をあえて、「序分」「正宗分」「得益分」「流通分」「耆闍分」と五分した。

そして、善導が「得益分」として分科したところの第十六下輩観に続く、

「この語《ことば》を説きたまう時に、韋提希、五百の侍女と、仏の所説を聞きて、時に応じてすなわち極楽世界の広長の相を見たてまつる。仏身および二菩薩を見たてまつることを得て、心に歓喜を生ず。未曽有なりと歎ず。廓然《かくねん》として大きに悟りて、無生忍を得。五百の侍女、阿耨多羅三藐三菩提心を発して、かの国に生ぜんと願ず。世尊ことごとく「みな当に往生すべし」と記す。かの国に生まれ已りて、諸仏現前三昧を得ん。無量の諸天、無上道心を発《おこ》しき。(19)」

の文を、諸師は「正宗分」に含めている(20)。

また、この文の「この語を説きたまう時」を諸師は、釈尊が定善十六観を説き終えた後と解釈し、韋提希はこれ

らの経説を聞き終え、その利益にて得忍したとするのである。つまり、古来より、経末の聞経得忍説と名づけられる立場である。

もともと、浄影や吉蔵・智顗にしても、上に述べたように、韋提希を菩薩の権化と見ている。それゆえ、無生忍が初地あるいは、七、八、九地の菩薩の証するところであっても、韋提希が無生忍を得ることに、何ら問題はない。もともと、菩薩、聖者が定善や散善という厳しい修行を終えた後、その得益として、無生忍を得ると理解されているのである。

しかし、善導においては、すべて「諸仏如来の異の方便」(「玄義分」)と理解される。これしたがって、それは成就し難きものとしてのものであり、むしろ、そのことを知らせんためのものである。それゆえ、を成就しなければ、無生忍が得られないとするならば、凡夫は永遠に救済から見放されることとなる。

善導は韋提のさとり(得忍)を第七華座観と見たのである。いわゆる、第七華座観見仏得忍説を立てたのである。「第七に韋提、仏の正説を聞きて、得益する分斉を料簡すと。問て曰く、韋提既に忍を得たりと言へり。未審《いぶかし》、何れの時にか忍を得る。出でて何れの文にか在るや。韋提の得忍は、出でて第七の観初めにあり。『経』に云く。「仏韋提に告げたまはく、仏当に、汝が為に、苦悩を徐く法を、分別解説すべし。是の語を説きたまふ時、無量寿仏空の中に往立したまへり。観音勢至左右に侍立せり。時に韋提、時に応じて見ることを得て、接足作礼し、歓喜讃嘆して、即ち無生法忍を得」といへり。何を以ってか知ることを得る。下の利益分の中に説て言ふが如し。「仏身及び二菩薩を見ることを得て、心に歓喜を生じて、未曾有なりと嘆じて、廓然として、大に悟りて、無生忍を得。」と。是れ光台の中に国を見し時に得るを非ず。問て曰く。上の文の中に説て言はく、「彼の国土の極妙の楽事を見て、心歓喜するが故に、時に応じて、即ち、無生法忍を得」と。此の一義云何《いかん》が通釈せむ。答て曰く。此の義の如きの者は、但是れ、世尊、前の別請を酬えて挙げて、利益を勧むる。方便の由序《ゆじょ》なり。(21)」

つまり、善導の基本的な見方は、正しく韋提は序分の「欣浄縁」の光台現国によって極楽世界を拝み（見土）、さらに第七華座観において仏身を拝んで（見仏）、信眼が開けて得忍したという見方である。

すでに多くの先学が指摘するところであるが、それゆえ、「定善義」で、華座観の見仏について、

「序には浄国に臨んで、喜歎して、以って自ら勝たること無し。今乃ち正しく、弥陀を観《み》たてまつって、さらに、益《ますます》心開けて、忍を悟る。(22)」

と説く。また「散善義」「得益分」の釈に、

「三に、「時に応じて、即ち極楽を見る」已下、正しく、夫人等の上の光台中において、極楽の相を見ることを明かす。四に、「仏身および二菩薩を見ることを得」より已下、正しく夫人第七観の初めにおいて、無量寿仏を見たてまつりし時、即ち無生の益を得ることを明かす。(23)」

と述べる。

つまり、「序に浄国に臨んで」そして、「今、すなわち正しく弥陀を観」、得忍したと言う。また、得益分に、「時に応じて極楽世界広長の相を見る」とあるのは、韋提が「序分」の光台現国の時、見土したことを示した文であり、「仏身及び二菩薩を見るを得る」とあるのは、第七観に見仏して得忍したと伝えた文証であると言うのである。

結局、「定善義」に、

「弥陀空に在して、而して、立ちたまへるは、但使《ただし》、心を廻らして、正念にして、我国に生れむと願すれば、立ちどころに、即ち生れんことを得るなり。(24)」

と説かれるように、住立空中の仏身を、仏心すなわち願心として受け取り、韋提希がこの無生法忍の悟りを得たことが、この経にとって特に重要であるがゆえに、経の最後に再説したのが得益分であると主張するのである。

第七華座観での韋提希の得忍とは、定散二善聞経得忍説の漸教の立場に対して、頓教の立場である。つまり、定散二善を修し、功徳を積んで無生忍を得るのは、次第〱に悟るところの漸教の立場である。それに対し、凡夫が即時に悟るのを頓教という。『観経』そのものが、定散二善を主題とするいわゆる釈迦教要門から弘願念仏を主題とする弥陀教弘願の教えと読み取られている。華座観得忍説とは、正しく凡夫が頓に本願力によって、無生法忍を得るという立場が領解されたことにほかならない。

その点について善導は、さらに「序分義」において、

「此れ阿弥陀仏の国清浄にして、光明たちまちに眼の前に現ず。何ぞ踊躍《ゆやく》、勝《た》へむ。この喜びに因《よ》るが故に、即ち、無生の忍を得ることを明かす。または、喜忍と名づく。また悟忍と名づく。また信忍と名づく。(25)」

と、無生忍に喜・悟・信の三名を出して、その内容を示し、そして、

「此れは、多く是十信の中の忍なり。解行已上の忍には非ず。(26)」

と釈した。つまり、無生忍を解（十住）行（十行）已上で得るものではなく、仏道の初門である十信位の軽毛の凡夫が獲る真実の信心と見たのである。

もとより、これは、香月院等の指示(27)によれば、『安楽集』の所説によっている。すなわち、そこには、

「当今の凡夫は、現に、信想軽毛と名づく。亦、仮名と曰《い》へり。亦不定聚と名づく。また、外の凡夫と名づく。未だ火宅を出でず。何をもって、知ることを得ん。『菩薩瓔珞経』によって、具さに入道行位を弁ずるなり。(28)」

と示される。ここでは『菩薩瓔珞本業経』(29)下に愚縛の凡夫が大乗の法によって一念信を起こせば、それを信想の菩

薩、仮名の菩薩と名づけているのでそれによって、同様に述べる。つまり、末法ではたとえ凡夫であっても大乗を学ぶ限り、十信位に属す。しかし、それは真実の菩薩ではないから仮名の菩薩と名づけるという。この立場に基づいて、善導が今の所説を出したと言われている。

結局、無生忍とは、本来、初地もしくは、七、八、九地の菩薩の悟りであった(30)。したがって、そうであるとするならば、今、『安楽集』等によれば、凡夫が頓に真実信心を獲れば、十信位の菩薩に至り、仮名の菩薩となるという。だから、凡夫の得忍が可能であるとするのである。凡夫である韋提希が弘願の信を得て、菩薩になることによって、無生法忍を得たと見、凡夫得忍を論理的に解明したのである。

それは、後に親鸞が他力の信心を獲れば、弥勒に同じとか、諸仏に等しいという論理を展開させるが、それを彷彿とさせるものである。

すでに曇鸞によって無生の生は報土往生をいい、この往生が全く名号よりほかにないゆえ、名号そのものが無生法であるとされた。それゆえ、その名号によって不生不滅の真理を悟ること、つまり、往生して安んずることができると明かされた。それを今、善導は、凡夫の立場でも得忍が可能であることを示し、しかも、喜忍・悟忍・信忍の三名で内容を示し、凡夫の得やすい名号の信心と解釈されたのである。

むすび

以上、『観経』の視座を「得無生忍」すなわち、生死の苦を除く法として見てきた。韋提希の課題は、生死の苦をいかに超えるかであり、いかに得忍するかであった。

同じく課題を共有する曇鸞はすでに「生即無生」の立場で理解し、善導は凡夫得忍を明示した。その流れの中で、親鸞は無生忍とは、念仏によって正定聚不退転に住することと領解し、信心によって「横超断四流」、すなわち、横さまに生老病死を超断することと示す。

結局、念仏による信心獲得こそ、生死の苦を超えていく確かな道であることが、すでに教えられていたのである。現代社会の生老病死に関わる課題に対し、念仏道がそれを担うものであることが改めて確認されるのである。

註

(1)『真聖全』一―五〇。
(2)『真聖全』一―四八。
(3)『真聖全』一―四九。
(4) E・キューブラー・ロス著、川口正吉訳『死ぬ瞬間』(一九七一年、読売新聞社)六五頁。
(5)『真聖全』一―五〇。
(6)『真聖全』一―五〇。
(7)『真聖全』一―六五。
(8)『大正蔵』一一―一四六。
(9)『大正蔵』二五―四一七。
(10)『大正蔵』二五―五七四。
(11)『大正蔵』四四―七〇二。
(12)『定親全』二、和讃篇―七一。
(13)『定親全』三、和文篇―八三。
(14)『定親全』四、言行篇(一)―一二七。

(15)『真聖全』一—二八三。
(16)『真聖全』一—三二七。
(17)『真聖全』一—三二八。
(18)『真聖全』一—三二八。
(19)『真聖全』一—六五。
(20)浄影の『観経義疏』末（『浄土宗全書』五—一九八）、嘉祥の『観経義疏』（『同』五—三五一）、智顗の『観経疏』（『同』五—二二七）参照。
(21)『定親全』九、加点篇（三）—三八。
(22)『定親全』九、加点篇（三）—一三七。
(23)『定親全』九、加点篇（三）—二一三。
(24)『定親全』九、加点篇（三）—一三六。
(25)『定親全』九、加点篇（三）—一〇〇。
(26)『定親全』九、加点篇（三）—一〇一。
(27)香月院深励『観経四帖疏講義』（一九七五年、法藏館）三二七頁。
(28)『真聖全』一—四二一。
(29)『大正蔵』二四—一〇一七。
(30)懐感の『群疑論』によれば「菩薩瓔珞経」には、無生法忍は十住の位に在りと説き、『占察経』には、無生忍は十信の前の凡夫に在りと説く、と示す。また迦才の『浄土論』上には、「一に教に縁るが故に無生忍を得、謂く一切凡夫十信位の人なり、大乗経論を読んで無生忍を作す。（以下略）」と記す。

二、法然と南都浄土教

――善導『観経疏』の受容をめぐって――

はじめに

従来、法然は天台（比叡山）にて、源光、叡空に学び、黒谷にて、源信の『往生要集』を閲読して念仏に帰したとされている。そして、法然の念仏理解に決定的影響を及ぼした善導『観経疏』との値遇も天台にて為され、その結果、下山したと、一般的には解釈されてきた。

しかし、『往生要集』には、『観経疏』四巻のうち「玄義分」しか引用されておらず、天台ではむしろ、天台大師智顗の『観経疏』に重きが置かれ、善導の『観経疏』にはそう重きは置かれていなかった。源信の『往生要集』ですら、観念、口称双方が説かれ、その中で法然は口称に注目しているが、天台では本来、善導の『観経疏』に説かれる口称の称名念仏よりも、天台流の観念の念仏が主流であった。

そのような状況の中で法然はどこで、善導『観経疏』の全体を熟知し、下山を決意させるにいたったか。法然は南都に遊学し、そこで浄土教学者と交流をもっている。改めて法然と南都浄土教の関係を考察してみたい。

（一）　法然の南都志向について

法然上人の宗教的回心、つまり、専修念仏帰入の契機については、『源空聖人私日記』『醍醐本法然上人伝』『浄土随聞記』等では、『往生要集』を先達と為して浄土門に入ると記され、また、『法然上人伝記』（九巻伝）、『法然上人行状画図』（四十八巻伝）では、善導の『観経疏』と見ている。

『醍醐本法然上人伝』には、

「抑恵心先徳往生要集を造りて、濁世末代の道俗に勧む。之に就いて出離の趣を尋ねんと欲して先ず序に云く。往生極楽の教行は濁世末代之目足也。道俗貴賤誰か帰せざらんや。但顕密教法其の文一に非ず、事理業因其の行多し。利智精進之人未だ難とせず。予が如き頑魯之者、あえてこの故に念仏一門に依る。聊か経論の要文を集め、之を披いて之を修むるに覚りやすし、行じ易しと云々。序は略して一部の奥旨を述べると言う。此の集すでに念仏に依ると云うこと顕然也。但念仏の相貌未だ委ねざる者は文に入りて之を採るなり。（中略）但百即百生の行相に於いては、すでに道綽、善導の釈に譲って委しく之を述べず。是故に往生要集を先達と為して浄土門に入るなり。[1]」

と具体的に記す。しかし、『往生要集』を貫く源信の思想は、観念の立場であり、法然の立場とは必ずしも完全には一致していない。法然は『往生要集』に説かれる百即百生の念仏往生に関心を寄せ、口称の面のみから見ようとしている。つまり、法然は、極力『往生要集』に称名念仏の立場を見出し、それを証文として見ているが、『往生要集』で口称の念仏を証拠立てるには不充分であり、それを手がかりに直接、善導を探るべく志向を持ったことは、必然である。

法然の主著『選択本願念仏集』には「偏に善導一師に依る」（結勧）と書かれており、法然が善導に全幅の信頼を置き、帰順していたことは周知のとおりである。とりわけ善導の『観経疏』によっていたことは、『選択集』を見れば一目瞭然である。では、自力聖道の比叡山天台の門にいた法然が、いつ、どこで善導の『観経疏』に出遇い、観念ではなく、称名としての本願念仏に帰依したかが問題となる。

従来、法然は比叡山黒谷の報恩蔵において、善導の称名正定業の文に出遇い（『黒谷法然上人伝』『法伝全』七九六）、凡夫往生の称名念仏に帰したとされる。そして、善導『観経疏』の一心専念の三十四文字は、法然の生涯に決定的な一線を画し、この時、「凡夫報土に生まれるという事が顕される」浄土の一宗が独立したとされる（『醍醐本法然上人伝記』、『法伝全』七七五頁）。

しかし、『往生要集』には、善導『観経疏』の「玄義分」しか引用されておらず、また、比叡山では、善導の『観経疏』よりも天台（智顗）の『観経疏』に重きが置かれ、善導疏が軽視されていたことは、諸師が指摘するとおりである。法然は、比叡山黒谷の報恩蔵において専修念仏に帰入する以前に、保元元年（一一五六）に南都へ遊学して蔵俊を訪ねている（『九巻伝』『四十八巻伝』）。

『往生要集』をとおして善導の『観経疏』に興味を懐いた法然は、善導教学と善導の『観経疏』の全体像とその教えを請うため、嵯峨の釈迦堂に参籠した後、南都に赴いたと考えられる。法然が最初に『観経疏』に接したのは、宇治の法蔵（平等院一切経蔵）であったといわれている(2)。

宇治の法蔵に『観経疏』があったことは、宇治大納言源隆国の『安養集』十巻によって知ることができる。同書は浄土往生に関する要文を抄出したもので、善導『観経疏』の引用が二十三回にわたり、中でも「散善義」は、ほとんど全文が引用されている。[3]

源隆国が「平等院経蔵の南の山ぎはに、南泉坊というところにこもりゐ」(『宇治拾遺物語』序[4])て執筆活動をしていたことが知られているので、宇治の法蔵に『観経疏』があったことは間違いなく、『選択集秘鈔』の記載のごとく法然も閲覧したことは、ほぼ間違いない。

さらに、南都に赴いた法然は、もちろん、そこでも善導の『観経疏』を閲読したことは言うまでもない。『源空聖人私日記』には、法然が興福寺権別当の蔵俊を訪ねたことが記されている。善導の著作は正倉院文書によれば、天平十二年(七四〇)に『法事讃』、同十四年(七四二)に『往生礼讃』、同十九年に『観経疏』、同二十年に『般舟讃』が書写され、中でも『観経疏』の書写は八回に及んでいる。すなわち、善導の著作は早くから南都に伝わっており、それに注目したのは源隆国であり、次いで永観であった。

(二)　永観の善導『観経疏』の受容

永観は、『東大寺別当次第』、『拾遺往生伝』等によれば、長元六年(一〇三三)、源国経の子として生まれた。源信の滅後十六年、法然の誕生に先立つこと百年である。天永二年(一一一一)の入寂である。八歳のとき山崎開成寺に入り、十一歳で禅林寺法印大僧都、深観に師事した。深観は花山法皇の第五子で、真言宗の人で密教の学匠として名高かった。したがって永観は最初、真言を学んだわけである。翌年十二歳にして出家し、東大寺で具足戒を受けて三論宗に入り、唯識、因明、倶舎を学び、応徳三年(一〇八六)、維摩会の講師を務め、承徳三年(一〇九九)六十七歳のとき、権律師となり、翌康和二年(一一〇〇)、東大寺別当職に補されている。深観亡き後は東南院の有慶に師事したようである（『東大寺別当次第』『三国仏法伝通縁起』）。

『拾遺往生伝』によれば、永観は「毎日一万遍」の念仏を称える西方願生者であり、

「凡そ一生の間、顕密の行業甚だ多し。弥陀の宝号を唱えること幾ばくなるやを知らず。初め毎日一万遍、後亦六万遍。別して百万遍を満つること三百度。漸く暮年に及んで、舌乾れ喉枯れ、只観念を事とす。(5)」

と記される。永観は『往生拾因』を著し、十念になずらえ、念仏往生の十の因を説いている。

その後序では、

「真言止観之行、道幽迷いやすし、三論法相之教理の奥悟り難し。勇猛精進ならざれば、いかが之を修せん。聡明利智ならざれば、誰か之を学せん。（中略）今念仏宗に至っては、行ずる所の仏号は、行住坐臥を妨げず、期する所、極楽は道俗貴賤を簡ばず。衆生の罪重けれども、一念によく滅し、弥陀の願深ければ、十念に往生す。(6)」

と述べている。また、

「弥陀の名号の中には、即ち彼の如来初発心より乃至仏果まであらゆる一切万行万徳、皆悉く具足し、欠減有ること無し。唯弥陀一仏の功徳に非ず。亦十方諸仏の功徳を摂す。（中略）今此の仏号の文字少しと雖も、衆徳を具足す。(7)」

と述べられていることは、後に法然が『選択集』で、いわゆる、勝劣難易の試解として、易行易修、万徳所帰の念仏を阿弥陀が凡夫往生のために選択したとの立場を彷彿とさせる。

『往生拾因』の内容を知るにあたって、貞準の『往生拾因新鈔』によれば、

「大意とは一部の綱要なり。先ず無常を挙げ、而して生死を厭う。次に十因を挙げ、信解を生ず。是を以って

安心を、若し発得するものは、まさに一心称名起行を立つべし。若し起行を立て、心行を具する者、必ず往生を得。十因有る故、故序の文中に人命無常を述ぶ。また正文中乃し称名の十因を談ず。其の称名は即ち本願の行なり。之十段を安じ、今行相を為す。願文の至心、今一心也。願文の十念、今称念也。此の称念に由って而して専念を発こす。名づけて至心と為す。亦一心と曰う。(8)」

と、その大意を示す。起行の念仏をとおして往生の十因あることを信解せられるとの理解に立ち、永観の念仏観の中核をなすものは、一心称念であり、とくに一心でなければならないとする。念仏が本願によることを『往生拾因』では「随順本願故」というが、これはまさしく善導の「順彼仏願故」によるものであるし、後に法然は『選択集』で「依仏本願故」という。また『往生拾因』では「幸いに今、弥陀の願に値う」(序分)、「幸いに今此の願に遇う。子の母を得るが如し」と、往生の業因としての念仏を誓った願は第十八願と見ている。したがって一心称念が第十八願に基づくことは明らかで、第十因を明かすについて『観経疏』「散善義」の文を引く。そして、

「行に二種あり、一に一心弥陀の名号を専念し、是を正定業と名づく、彼の仏願に順ずるが故に、若し礼誦等に依れば、即ち助業と名づく。此の二行を除いて自余の諸善、悉く雑行と名づく。(9)」

という。次いで、

「是の故に行者、悲願を係念して、心を至し、称念して、不至心の者を除く、本願に順ぜざるが故に。(10)」

といっている。

称名を第十八願に基づく正定業と領解したのは、日本浄土教においては永観が初めてであり、それ以前には見出すことができない。もちろん、源信もそこまでは述べていない。永観は善導の「散善義」の文に基づいて、往生の行に正雑助正を立て、称名は、本願に順ずるが故に正定業とし、称名を専らにすべしと説く。

また、「一心専念弥陀名号」の一心は、願文の至心であることは明らかであり、第八因の下でも、

「若し一心にあらざれば、我本願に違うなり。恥ずべし恥ずべし。(11)」

といっている。一心不乱の称名こそ、至心の称名であり、それが、本願に順ずるのである。永観の立場は、正しく一心専念の称名が正面から取り上げられ、「散善義」に全く触れない源信とは好対象である。一心が願文の至心であれば、当然十念もまた願文の十念であることは、当然である。

第七因に『観経』下々品の経文を引いて、

「声を発し絶えず念仏号を称すべし。三業相応専念自発、故に観経に至心の称名、声絶ざらしめんと説く。(12)」

といい、また、「信楽具足十念」というのであるから、それが口称の念仏であることは言うまでもない。永観は、第十八願を「十念の願」といい、「声を挙げて十念すべし、行住坐臥懈することなかれ」といい、さらに、「必唱十念」といっていることからすれば、明らかに称名念仏の立場に立って、余行を廃捨し、念仏を専らにすべしとして易行易修、万徳所帰の称名念仏を正定業として勧めている。このような称名念仏正定業論は、日本においては永観が最初であり、法然以前の天台系の学者には見られない。

また、第八因に、

「行者余の一切の諸願諸行を廃して、念仏の一行を唯願唯行すべし、散漫の者は千に一も生ぜず、専修の人は、万に一も失することなし。(13)」

と、専修念仏の立場を明確にしている。

永観は聖道門の立場にあったが、それにもかかわらず、観念の念仏ではなく、称名の念仏を重視するようになったのは、『観経疏』を多く引文し、とりわけ「散善義」の影響を受けたがためと見てよいであろう。『往生要集』が

観念の立場に立ち、それに堪えない者のために、称名念仏を勧めているのに対し、『往生拾因』には、一心に阿弥陀仏を称念すれば、広大善根のゆえに、必ず往生できると説かれている。『往生拾因私記』によれば、藤原敦光が関白大相國の命旨に依って後序を書き、その中で、

「首楞厳院の沙門源信往生要集を作り、世に伝う。今東大寺の比丘永観往生拾因を作り、以って之に継ぐ。[14]」

と記しているのも強ち世辞ではなく、正しい評価といえる。天台よりも、南都において、善導の立場を徹底した随順本願の専修の称名念仏が受容されたことは、天台止観を根本に置き、称劣観勝の風潮が強く、天台大師智顗の『観経疏』に重きを置く北嶺の浄土教からすれば、当然の展開であったかも知れぬ。

(三)『往生拾因』と『選択集』

『往生拾因[15]』が善導浄土教の受容と展開であるということからすれば、その後の『選択集[16]』とも内容的に近いことは、容易に推測できる。因みに今、この類似点を挙げてみると次のごとくである。

一、『往生拾因』

「夫出離之正道其行一に非ず、西方要路末代縁あり。(中略) 早万事を抛いて速に一心を求む。道綽の遺戒に依りて火急の称名、懐感の旧儀に順じて励声念仏。真言止観之行、道幽迷いやすし、三論法相之教理の奥悟り難し。勇猛精進ならざれば、いかが之を修せん。聡明利智ならざれば、誰か之を学せん。(中略) 今念仏宗に至っては、行ずる所の仏号は、行住坐臥を妨げず、期する所、極楽は道俗貴賤を簡ばず。衆生の罪重けれども、一念によく滅し、弥陀の願深ければ、十念に往生す。」

『選択集』「教相章」

「聖道浄土の二門を立つる意は、聖道を捨てて浄土門に入らしめんが為也。此れについて二由有り。一には大聖去ること遙遠なるに由る。二には理深くして解微なるに由る。此の宗の中に二門を立つる者は独り道綽のみに非ず。（中略）若し浄土門において其の志ある者は須らく聖道を棄てて浄土に帰すべし。（中略）末代の愚魯寧く之を遵ばず。」

二、『往生拾因』
「行者に二種あり、一に一心弥陀の名号を専念し、是を正定業と名づく、彼の仏願に順ずるが故に、若し礼誦等に依れば即ち助業と名づく。此の二行を除いて自余の諸善、悉く雑行と名づく。（中略）是の故に行者、悲願を係念して、心を至し、称念して、不至心の者を除く、本願に順ぜざるが故に。」

『選択集』「二行章」

「問うて曰く、何が故ぞ五種之中に独り称名念仏を以って正定業と為すや。答えて曰く、彼の仏願に順ずるが故に。意に云く称名念仏は是彼の仏の本願の行なり。」

三、『往生拾因』
「弥陀の名号の中には、即ち彼の如来初発心より乃至仏果まであらゆる一切万行万徳、皆悉く具足し、欠減有ること無し。唯弥陀一仏の功徳に非ず。亦十方諸仏の功徳を摂す。（中略）今此の仏号の文字少しと雖も、衆徳を具足す。」

『選択集』「本願章」

「念仏は是勝、余行は是劣なり。所以は何ん、名号は是万徳之帰する所なり。然れば則ち弥陀一仏の所有四智三身十力四無畏怖等の一切の内証の功徳相好光明説法利生等の一切の外用の功徳皆悉く阿弥陀仏の名号の中に摂在す。故に名号の功徳最も勝れたりと為す也。」

四、『往生拾因』

「阿弥陀の名是の如し。無量不可思議の功徳合成。一に南無阿弥陀仏を称せば、即ち広大無尽の善根を成す。」

『選択集』「多善根章」

「謂く雑善は是小善根也。念仏は是大善根也。亦勝劣の義有り。雑善は是劣善根也。念仏は是勝善根也。」

五、『往生拾因』

「仏名を称すれば直ちに道場に至る。況や浄土に往生す。豈に留難有らん。我ら何の宿善有らん。幸いに今此の仏号に値う。無上功徳を求めずして自ずから得る。浄土之業便ち以って足ると為す。当に知るべし。人中の芬陀利華なり。之に依って十方恒沙の諸仏広長舌を出す。各勧進を垂れる。これ実語の表れなり。」

『選択集』「證誠章」

「皆十方世界各恒沙の諸仏有り。其の舌相を舒す。遍く三千世界を覆い、一切衆生阿弥陀仏を念じ、仏の大悲本願力に乗ずる故に、決定して極楽世界に生まるることを得。」

六、『往生拾因』

「無量寿経に曰わく、末世法滅之時、特に此の経を留め、百年世に在って衆生を引接して往生せしむ。故に知んぬ、弥陀此の世界の極悪衆生と偏に因縁あり。已上。夫れ如来の説教潤益時にあり、釈迦末世弥陀化を施す。幸いに此の時生る。知機縁熟念仏往生何の疑い有らんや。」

『選択集』「特留章」

「釈迦慈悲特に此の経を以って止住すること百歳する也。例せば彼の観無量寿経の中に定散の行を付属せずして、ただ孤り念仏之行を付属したまうが如し。」

七、『往生拾因』

「寤寐称念片時も懈けず無間修也、六時礼敬四儀背かず恭敬修也、念仏を宗と為し余行を雑えず無余修也、終いに退転なく畢命期なし長時修也。念仏の一行既に四修を具す。往生之業何事かしかのみならず。」

『選択集』「四修章」

「四修とは、一には長時修、二には慇重修、三には無余修、四には無間修なり。而るに初めの長時を以ってただこれ後の三修に、通用する。謂く、慇重もし退せば、慇重之行、すなわち成ずべからず。無余もし退せば、無余の行、すなわち成ずべからず。無間もし退せば、無間之修、すなわち成ずべからず。此の三修の行を成就せしめんが為に、皆長時を以て、三修に属して、通じて修せしむる所なり。故に三修の下に、皆結して畢命を期として、誓ひて中止せざる、すなわちこれ長時修と云へるこれなり。」

八、『往生拾因』

「一心に阿弥陀仏を称念す。光明摂取の故に往生を得。」

『選択集』「摂取章」

「弥陀の光明余行の者は照らさず、念仏の行者を摂取す。」

九、『往生拾因』

「一心に阿弥陀仏を称念す。本願に随順するが故に必ず往生を得。」

『選択集』「本願章」

「弥陀如来余行を以って往生の本願と為さず。念仏を以って往生の本願と為す。」

十、『往生拾因』

「和尚即ち是三昧発得之人也。豈に謬りあらんや。故に知んぬ、一心とは唯等持定す。斯の行に依って余の一切の諸願諸行を廃す。念仏の一行を唯願、唯行とす。散漫之者は千に一生せず。専修之人は万に一失も無し。」

『選択集』「結勧」

「善導和尚は是三昧発得之人也。（中略）何にいわんや、大唐の相伝に云く、善導は是弥陀の化身也と。爾らば謂うべし。又此の文は是弥陀の直説なりと。既に写さんと欲はん者は、一に経法の如くせよと云えり。斯の言は誠なるかな。仰いで本地を討ぬれば、四十八願之法王也。十劫正覚之唱え、念仏に憑み有り。俯して垂跡を訪らへば、専修念仏之導師也。」

法然が南都浄土教の影響を受けたことは、この対比で明らかである。しかし、法然と永観との具体的関係は、諸伝記にはなんら記されていない。

また、源信の『往生要集』は、観念を勝として、称名を劣とし、観念に堪えられない者のために称名を勧めている。それに対し『往生拾因』の内容が、より法然の『選択集』の内容に近い。それは、両者の善導『観経疏』の依拠の重さの違いともいえる。

むすび

以上のことから、法然は南都で善導の『観経疏』全巻を閲読し、具体的事跡はともかく、思想的にも、観念の念仏に重きを置く天台ではなく、むしろ、南都で見聞したと思われる『往生拾因』をとおして、善導『観経疏』の本質に出遇ったと考えられる。

法然浄土教の形成には、善導『観経疏』がその基本となっていることは言うまでもないが、その出遇い、特に「玄義分」以外の三巻、とりわけ「散善義」の称名正定業論については、明らかに天台ではなく南都であった。

さらに南都の代表的浄土教者である永観の『往生拾因』と法然の『選択集』との内容がともに、観念ではなく、称名念仏を中心にしていて、内容的に近いことを考えると、むしろ、法然は南都の浄土教を手がかりに善導浄土教に出遇ったと見るのが妥当である。『選択集秘鈔』の記載のみならず、思想面から見てもそう言わざるをえない。善導の「順彼仏願故」の称名正定業論は、永観の「随順本願故」を経て、法然の「依仏本願故」の選択本願念仏と理解されてきたと見ることができる。

註

（1）『法伝全』七七三頁。
（2）『選択集秘鈔』（『浄全』八―三四〇原漢文。）
（3）恵谷隆戒「平安期における善導の往生思想の受容について」『仏教論叢』五―九頁、「源隆国の『安養集』について」『往生』一〇―八。
（4）岩波『古典文学大系』二七―四八。
（5）『続浄全』六―八五（原漢文。以下同じ）。
（6）『浄全』十五―三九四。
（7）『浄全』十五―三七二。
（8）大谷大学図書館蔵本（宗大一七二五）。

(9)『浄全』十五―三九一。
(10) 同前。
(11)『浄全』十五―三八五。
(12)『浄全』十五―三八三。
(13)『浄全』十五―三八四。
(14)『浄全』十五―三九七。
(15)『浄全』十五―三七一～三九四。
(16)『真聖全』一―九二九～九九四。

三、「信能入」と「疑所止」の往生論

——源信・源空・親鸞の教系から——

はじめに

法然の『選択集』の冒頭には、

「南無阿弥陀仏　往生之業　念仏為本」[1]

と掲げる。したがって、法然は「念仏為本」であり、それに対し、親鸞はことさら「信巻」を著し、「教行信証」と信を強調し、「信心為本」の立場に立つと多くの人が主張してきた。また、覚如の『御伝鈔』（上巻第六段）に「信不退　行不退」の物語が記載されていることもあって、「信」を重視するのは親鸞の発揮説との立場が一般的である。しかし、単純に両者に対してそう言えるのかどうか。もともと、「往生之業　念仏為本」の言は源信の『往生要集』に説かれることばである。

法然や源信の立場に「信」は語られていないのか。あるいは、重きが置かれていないのかどうか。今、両者の「念仏為本」の立場の違いを明らかにし、親鸞の「念仏為本」、「信心為本」の理解の原点を見てみたい。

ところで、『選択集』の「念仏為本」は、第一「教相章」に、

「道綽禅師、聖道浄土の二門を立てて而も聖道を捨てて正しく浄土に帰する之文」（原漢文。以下同じ）[2]

といわれるように、聖道門の諸行に対して、浄土門の念仏を本と為すのである。決して、信心に対して念仏といっているのではない。

つまり、対信心為本の念仏為本ではなく、対諸行の念仏為本である。

もちろん、親鸞の場合は、存覚の『六要鈔』に示されるごとく、

「信は疑に対す」(3)

と示されるように、「疑惑」に対して「信心為本」である。

したがって、信心と念仏は並立する概念であり、対立する概念ではない。つまり、念仏為本でありつつ信心為本である。親鸞においては、念仏について信心の純化をはかったのである。この「疑所止」「信能入」の遡流に、「真門」開示の原点を探ってみたい。

（一）　法然における信

さて、法然においては、もちろん念仏為本であるが、信については、いかなる立場であろうか。

『選択集』「三心章」において、信について、まず、

「私に云く。引く所の三心は、是れ行者の至要也。所以はいかん。『経』には則ち「三心を具する者は、必ず彼の国に生ず。」と云う。明かに知んぬ、三心を具して応に生を得べし。『釋』には即ち「若し一心少けぬれば、即生を得ず」と云えり。明らかに知んぬ、一少けぬれば、是更に不可なり。茲に因って極楽に生まれんと欲わん人は、全く三心を具足すべし。(4)」

と、三心を具足せよと述べる。

その一方で『漢語燈録』に、

「今此の経の三心は、即ち本願の三心を開く。爾る故は、至心とは至誠心也。信楽とは深信也。欲生我国とは回向発願心也。(5)」

と、『観経』の三心と『大経』の三心とを一致させる。しかしながら基本的には、『三部経大意』に、

「三心ハ区ニ分カレタリト云ヘトモ、要ヲ取リ詮ヲ撰テコレヲイヘバ、深心ヒトツニヲサマレリ。(6)」

といわれるように、この三心を深信に摂める。

だが、『選択集』には、このような『大経』三心についての記述はない。善導の『観経疏』によりつつ、至誠心、つまり、内外不調の真実心を戒め、翻内播外を出要とする。

そして深心について、

「深心とは謂く深信之心なり。(7)」

と釈し、

「当に知るべし、生死之家には疑を以って所止と為し、涅槃之城には信を以って能入と為す。(8)」

と、二種深信を立てる。

そして、回向発願心については、「別の釈を待つべからず」と解釈を略す。文字通り、行中摂信の立場で、

「然ば、則ち菩提心等の諸行を以って、而も小利と為し、乃至一念を以って而も大利と為す也。(9)」

などと、随所に菩提心を否定していることからすれば、まことに簡略と言わざるをえない。

結局、法然においては行中心の立場であると言わざるを得ない。しかし、親鸞は、上掲の「生死之家以疑為所止

涅槃之城以信為能入」に注目し、「疑所止」に対して、「信能入」という構図で「信」を開顕していくこととなる。
ところで、このような「疑所止」に対して、「信能入」という構図の展開を親鸞はどこから導き出したのであろうか。今、『往生要集』に注目してみたい。

（二）　源信の立場

源信の『往生要集』では、第五「助念方法門」で、

「往生之業　念仏為本」(10)

と述べ、諸行に対してただ念仏しかないことを示している。この語こそ、後に法然が『選択集』の冒頭に掲げ、浄土宗立教開宗の旗印としたことは言うまでもない。

源信は、まず念仏が「濁世末代之目足也」と末法時の宗教であることを掲げ、「予が如き頑魯之者は豈に敢てせんや。」(11)と自らの下根を自覚し、顕密行業の難修を歎じて、念仏一門によることを述べる。

そして、「極重の悪人、他の方便无し、唯念仏を称して極楽に生ずることを得」(12)と、称名念仏に帰した。さらに、第八念仏証拠門で諸行と念仏とを対比して、念仏一門が往生の要たることを論証する。

次いで、念仏を勧めるにあたり、第十問答料簡門で報化二土の分判をする。

まず、

「問。若し凡下の輩も亦往生することを得ば、云何ぞ近代彼の国土に於いて求むる者は千万なるも得るものは一二も无きや。」(13)

と、問いを立て、『安楽集』の三不三信の文と『往生礼讃』の十即十生の文を引いて答える。つまり、

「答。綽和尚云く。「信心深かからず、若存若亡の故に。信心一ならず、決定せざるが故に。信心相続せず、余念へだつるが故に。此の三相続せざれ者、往生することあたはず。若し三心具して往生せずといはば、是の處有ること无けん」。導和尚云く、「若し能く上の如く念念相続して畢命を期と為す者は、十は即ち十ながら生じ、百は即ち百ながら生じ。若し専を捨て雑業を修せんと欲する者は、百は時に希に一二を得る、千は時に希に三五を得と。(14)」」

と、「易往而無人」を解明する。

さらに、『菩薩處胎経』を引いて問いを立てる。

「問、『菩薩處胎経』の第二に説かく「西方此の閻浮提を去ること十二億那由他に懈慢界あり、国土快楽にして倡伎楽作す。衣被服飾香華をもって荘厳せり。七寶轉開の床ありて目挙げて東を視るに、寶床隋ひて轉ず。北を視、西を視、南を視るも、亦是如く轉ず。前後に意発するに衆生、阿弥陀佛国に生まれんと欲ふ者、皆懈慢国土に深く著して、前進みて阿弥陀佛国に生まるること不能ず。億千万の衆、時に一人有りて能く阿弥陀佛国に生ず」と。已上此経を以って准難するに生を得きや。(15)」

そして、それに、

「答。『群疑論』に善導和尚前文を引き、而して此難を釋して、又自ら助成して云く。「此の経の下の文に言く。何を以っての故に、皆懈慢由って執心牢固ならずと。是に知んぬ、雑修之者は、執心不牢之人と為す。故に懈慢国に生ずる也。若し雑修せずして専ら此業に行ぜば、此れ即執心牢固にして定めて極楽国に生ぜん。乃至。又報の浄土に生ずる者は極めて少し、化の浄土の中に生ずる者は少なからず。故に経の別説、寶に相違せざる

也。已上。」[16]

と答える。

『菩薩処胎経』の懈慢国の化土と極楽国の報土との報化二土を弁立し、専雑二修の往生を分ける。『安楽集』は、三信の往生を明かすが、三不信者、つまり、自力執心がいかなる証果を得るか明らかでない。また『往生礼讃』は、専修雑修による三不三信を別けて示すが、雑修の果については、言及していない。それを『往生要集』は、専雑二修を報化二土に配し、その専雑の得失を修因のみならず、証果の上にまで徹底し、むしろ、果から因の専修、三信を勧めたのである。後に親鸞は、ここに着眼したのである。

しかるに、この二十二修の判によって明らかになったことは、念仏行の優位性を明瞭にさせたことである。すなわち、『大経』諸説の弥陀の身土を報身報土とし、諸経の傍らに説かれる念仏を雑修として化身化土とした。しかし、これが従化入真の関係、つまり、化身化土を権方便と見、この化土を「報中の化」として理解されるのは、親鸞をまたねばならない。

ところで、ここでもう一点注目すべき点がある。それは、この報化二土を道綽の『安楽集』によって三不三信に判じたことである。つまり、報化二土を所修の行（専雑二修）のみならず、能修の信について判じた点である。もちろん、明確な専心雑心の分判は親鸞に至らねばならないが、まさしく、それを予説しているともいえる。報土を三信、化土懈慢界を不三信との配当は、信心の純不純を問う上で重要である。

上に引用したごとく、源信は、懐感の『群疑論』に引用された懈慢界を弥陀の浄土の化土の相を表したものと見た。化土については、すでに『大無量寿経』に、疑城胎宮、あるいは辺地七宝宮殿として説かれている。

「其れ胎生の者は、処する所の宮殿、あるは百由旬、あるは五百由旬なり。おのおのその中にしてもろもろの快楽を受くること、刀利天上のごとし。またみな自然なり」と。その時に慈氏菩薩、仏に白して言さく、「世尊、何の因、何の縁ありてか、彼の国の人民、胎生・化生なる」と。仏、慈氏に告げたまはく、「もし衆生ありて、疑惑心をもってもろもろの功徳を修して、かの国に生れんと願ぜん。仏智・不思議智・不可称智・大乗広智・無等無倫最上勝智を了らずして、この諸智において疑惑して信ぜず。然も猶し罪福を信じて善本を修習してその国に生れんと願ぜん。このもろもろの衆生、彼の宮殿に生まれて寿五百歳、常に仏を見たてまつらず。経法を聞かず。菩薩・声聞聖衆を見ず。是の故に彼の国土においてこれを胎生と謂う。（中略）彼の化生の者は、智慧勝れたるがゆえに。その胎生の者はみな智慧無きなり。五百歳の中に於いて、常に仏を見たてまつらず。経法を聞かず。菩薩・もろもろの声聞衆を見ず。仏を供養するに由なし。菩薩の法式を知らず。功徳を修習することを得ず。当に知るべし此の人は宿世の時、智慧あること無し。疑惑の致す所なり。[17]」

浄土往生を願うものも、諸々の功徳を修し、善根を積みながらも、単に自己の悦楽を求め、仏の不思議智不可称智大乗広智無等無倫最上勝智を信じない者は、真実報土にいたることができず、この疑城胎宮に止まり、五百歳中、仏を見ることができず、教法を聞くこともできず、菩薩聖衆に接することができない、と。そして、それはまさに疑惑のいたすところであると説く。続いて、

「譬えば転輪聖王のごとし。別に七宝の宮室あり、種種に荘厳し床帳を張設し、もろもろの繒幡を懸けたらん。もろもろの小王子ありて罪を王に得んに、すなわち彼の宮中に内れて繋ぐに金鎖を以ってせん。飲食・衣服・床褥・華香・伎楽を供給すること、転輪王のごとくして乏少するところなけん。意に於いて云何。此のもろもろの王子、寧ろ彼の處を楽はんや、不や」。対へて曰く、「不なり。但種種の方便をし、もろもろの大力を求めて自ら免出するを欲せん」と。仏、弥勒に告げたまわく、「此のもろもろの衆生もまたまた是のごとし。

仏智を疑惑するを以っての故に、彼の宮殿に生れん。刑罰乃至一念の悪事すら有ることなく、但五百歳の中に於いて三宝を見たてまつらず。もろもろの善本を供養し修することを得ず。此を以って苦と為す。余の楽有りといえども、猶し彼の處を楽はず。若し此の衆生、其の本の罪を識りて深く自ら悔責してかの處を離れんことを求めん、即ち意の如く無量寿仏の所に往詣し、恭敬供養することを得ん。また遍く無量無数の諸余の仏の所に至り、もろもろの功徳を修することを得ん。弥勒、当に知るべし。其れ菩薩ありて疑惑を生ぜば大利を失すと為す。」[18]」

と。

たとえば、転輪聖王の王子といえども、王に罪をうれば、七宝の宮室に幽閉して繋ぐに金鎖を以ってせるが如く、たとひ、七宝荘厳の美しき所にあって衣服・飲食・華香・伎楽、何等欠くる所がなくても、あたかも牢獄に入るがごとき思いである。

もし、罪を知って深く悔責して、この世界を離れんことを求めば、すなわち、無量寿仏の所に詣でることを得んと説かれている。

これは、浄土の辺地の化土の相であるが、それは、念仏者の現実生活の心境に対応している。願生浄土を標榜しても、もし、仏智を疑惑し、自力功利の心をはなれることができないならば、これらの鎖に縛られて、牢獄となり、真の解脱を得ることができない。

しかも、牢獄であっても、外観宮殿であり、鎖も金色である。至れり尽くせりであるが、自由がない。求めたいものに心が奪われて自由がない。執着心に縛られ、解脱できない状態を牢獄に譬えているのである。

ここを『往生要集』には、上に引用したごとく、『菩薩處胎経』の「懈慢国土」とし、『群疑論』の善導和尚の前の文で雑修の者は「執心不牢の人」とする。そして、もし雑修せずして専らこの業を行ぜば、これすなわち執心牢固せずして、定めて極楽国に生まるとする。そして、報の浄土に生ずる者は極めて少なし、化の浄土の中に生ずる者は少なからずと釈す。

懈慢とは、懈怠と憍慢との意味である。なぜ仏に遇えないかといえば、「皆、懈慢にして執心牢固ならざるに由る」のである。そして、「疑惑を生ずるものは大利を失す。」と決す。

源信は、この執心牢不牢の語を道綽の三不三信の説、そして、善導の専雑二修に照応させ、報化二土を判じたのである。如来の大悲は、化土懈慢界を方便施設して、凡夫誘引したのである。つまり、信心が不牢固、不三信、雑修のものは、まず、化土懈慢界に往生して、自力執心を離れ、阿弥陀仏国の真実報土に往生するとの所説である。すなわち、ここでは念仏為本に立ちつつ、何よりも信心の牢不牢、純不純、信不信が問題にされており、法然が専ら「行」一面から、念仏為本を主張したのとは大きく異なる。

この点こそ、後に親鸞が、源信を「報化二土正弁立」と讃えるところとなったのである。

(三)　親鸞の「信能入」と「疑所止」

親鸞は、

「本師源信和尚は
　懐感禅師の釋により
　處胎経をひらきてぞ

懈慢界をばあらはせる[19]」

と、源信の辺地懈慢界の諸説を大きな発揮説としてたたえ、化身化土をそこに見る。

「謹んで化身土を顕さば、仏は『無量寿仏観経』の説の如し、真身観の仏是也。土は『観経』浄土是也。また『菩薩處胎経』等の説の如し、即ち懈慢界是也。また『大無量寿経』の説の如し、すなわち疑城胎宮是也。[20]」

つまり、『大経』所説の阿弥陀の浄土を報身報土とし、『菩薩處胎経』に代表される諸経中の阿弥陀の浄土を化身化土とした。すなわち、真仮思想でもって弥陀一仏に統摂したのである。他経にも方便としての位置を与え、一応、化土往生とする。そして、十九願、二十願の権方便の願によって報仏報土に引入するとみたのである。まさしく、この化土を報中の化としたのである。

さらに、

「凡そ浄土の一切諸行に於いて、綽和尚は「万行」と云ひ、導和尚は「雑行」と称す、感禅師は「諸行」と云へり、信和尚は感師に依れり、空聖人は導和尚に依りたまふなり。経家に拠りて師釈を披くに、雑行の中の雑行雑心・雑行専心・専行雑心なり。また正行の中、専修専心・専修雑心・雑修雑心は、これみな辺地・胎宮・懈慢界の業因なり。かるが故に極楽に生るといえども三宝を見たてまつらず。[21]」

と、専雑二修を能修の心についても判じる。次いで、善導によって専雑二修の得失を論じ、『小経』二十願意で「信をもって能入とす」、つまり、他力の信心を勧めるのである。

一方、上に引いた『大経』智慧段（胎生・化生）から、次のごとき「仏智疑惑和讃」二十三首を、「仏（智）不思議　弥陀の御ちかいをうたがうつみとがをしらせんとあらわせるなり。[22]」との意図で作っている。まず冒頭の和讃では、仏智疑惑を罪福信とし、辺地懈慢疑城胎宮の化土を説く。

「不了仏智のしるしには
　如来の諸智を疑惑して
　罪福信じ善本を
　たのめば辺地にとまるなり

仏智の不思議をうたがいて
自力の称念このむゆえ
辺地懈慢にとどまりて
仏恩報ずるこころなし

罪福信ずる行者は
　仏智の不思議をうたがいて
　疑城胎宮にとどまれば
　三宝にはなれたてまつる

仏智疑惑のつみにより
　懈慢辺地にとまるなり
　疑惑のつみのふかきゆえ

年歳劫数をふるととく(23)」

続いて、転輪聖王のたとえを詠う。

「転輪王の王子の
皇につみをうるゆえに
金鎖をもちてつなぎつつ
牢獄にいるがごとくなり

自力称名のひとはみな
如来の本願信ぜねば
うたがうつみのふかきゆえ
七宝の獄にぞいましむる

自力諸善のひとはみな
仏智の不思議をうたがえば
自業自得の道理にて
七宝の獄にぞいりにける(24)」

自力称名、自力諸善いずれにしろ、疑心の行者は「七宝の獄」、つまり、化土に往生すと『大経』の所説そのままに説く。

「仏智を疑惑するゆえに
　胎生のものは智慧もなし
　胎宮にかならずうまるるを
　牢獄にいるとたとえたり

七宝の宮殿にうまれては
　五百歳のとしをへて
　三宝を見聞せざるゆえ
　有情利益はさらになし

罪福ふかく信じつつ
　善本修習するひとは
　疑心の善人なるゆえに
　方便化土にとまるなり

仏智の不思議を疑惑して

罪福信じ善本を
修して浄土をねがうをば
胎生というとときたまう[25]」

このように、親鸞においては、「疑」つまり、仏智疑惑を化土往生とする。それは、報中の化の意味で報土化土の分判によって雑行から雑心、罪福信をも、化土懈慢界の因とする。そして、その得失を判じて「如来回向の信」「たまわりたる信心」、すなわち、真実信心、大信を勧めるのである。

そして、不了仏智について、

「凡そ大小聖人・一切善人、本願の嘉号をもって己が善根とするが故に、信を生ずることあたわず、仏智を了らず。彼の因を建立せることを了知することあたわざるが故に、報土に入ること无きなり。[26]」

と、真門を開示するのである。

しかも、その信の成就は、文字通り、

「聞と言うは、衆生仏願の生起本末を聞きて疑心あることなし。これを聞と曰うなり。[27]」

と、「聞」すなわち「聞其名号」に帰するのである。

このことは、ほかならぬ果遂の願意である。親鸞は、「疑所止」「信能入」の真意を『往生要集』の化土懈慢界の所説に見出し、信の批判、つまり真門を開いたのである。

むすび

親鸞畢生の書『教行信証』は、『選択集』開顕の書といわれるごとく、「よきひと」法然のおおせになんら異論を示すことなく、その領解に直参している。「正信偈」には、『選択集』を讃えて、

「生死輪轉の家に還来することは、決するに疑城を以って所止と為す、
速やかに寂静无為の楽に入ることは、必ず信心を以って能入と為すといへり。(28)」

と「依釈分」を閉じるが、この「疑所止」「信能入」を源信に遡って解明し、信心為本の立場を明らかにした。「疑所止」＝雑行・雑心・罪福信・仏智疑惑に対して、「信能入」＝正行・真実信心を報化二土に分判し、真実信心を勧めるという親鸞の立場は、まさしく、源信に遡って展開されたものであった。

「化身土の巻」では十九願の願意をまさしく、源信の『往生要集』と所引の懐感の『群疑論』に求めて報化二土、専雑二修論を展開している。そして、専心雑心の分判を根拠に二十願によって罪福を信ずる心を課題にしているのである。真門二十願の「自力の専心」を問うことによって信の純化がはかられてくるのである。

法然の要弘相対に対し、親鸞の教義の中核をなす要真弘三門建立の原点が源信にあったことに、改めて『往生要集』の重要性を知るところである。

親鸞の「三願転入」の所説も「疑所止」「信能入」を手がかりに、源信の諸説によって開かれたものと改めて確認することができる。その意味で、法然は伝灯の祖師に源信を含めなかったが、親鸞が敢えて七高僧に源信を含めた意図がここにあったのではないかとも思われる。

註

(1)『真聖全』一―九二九。
(2)『真聖全』一―九二九。
(3)『真聖全』二―二六六。
(4)『真聖全』一―九六六。
(5)『真聖全』三―三五二。
(6)『法然全』三三一―三。
(7)『真聖全』一―九六七。
(8)『真聖全』一―九六七。
(9)『真聖全』一―九五三。
(10)『真聖全』一―八四七。
(11)『真聖全』一―七二九。
(12)『真聖全』一―八八二。
(13)『真聖全』一―八九七。
(14)『真聖全』一―八九七。
(15)『真聖全』一―八九八。
(16)『真聖全』一―八九八。
(17)『真聖全』一―四三。
(18)『真聖全』一―四四。
(19)『定親全』二、和文篇―一二三。
(20)『定親全』一―二六九。
(21)『定親全』一―二九一。
(22)『定親全』二、和文篇―一八八。
(23)『定親全』二、和文篇―一八八。

(24)『定親全』二、和文篇―一九〇。
(25)『定親全』二、和文篇―一九四。
(26)『定親全』一―三〇九。
(27)『定親全』一―一三八。
(28)『定親全』一―九一。

Ⅱ

一、親鸞教学における「諸仏」の地位

はじめに

ひとえに、弥陀一仏を念じて「ふたつならふことをきら」い、「よのことならはすとなり」とは、専修念仏教団を貫く不動の伝統である。

一方、このような伝統を有するにもかかわらず、元久元年（一二〇四）の『七箇条起請文』（『西方指南抄』中末）には、その第一に、

「未だ一句の文を窺《うかが》はず、真言止観を破し、余仏菩薩を謗じ奉《たてまつ》ることを停止すべき事(1)」

と、諸仏を誹謗すべきでない旨を厳しく誡めている。それゆえ、師教に随順する親鸞は、いくたびも廃立を先としつつ、同時に「ゆめゝゝ余の善根をそしり余の仏聖をいやしうすることなかれとなり。(2)」（『唯信鈔文意』）とこれを伝承する。

ところで、周知のごとく親鸞は、第十七願の領解について、『教行信証』の「行の巻」に「諸仏称名之願」を挙げ、正面から諸仏を問題とし、次いで「信の巻」現生十種の益のうち、第四と第五に、諸仏護念、諸仏称讃の両益を述べる。このことは、諸仏について、何らかの意義と地位が見出されたことを物語る。しからば、それはいかに

領解せられたであろうか。まず、親鸞教学において、諸仏とは何たるか、その概念を確認するところから考えてみたい。

（一）

親鸞においては、直接には善導、法然をうけて「釈迦の発遣、弥陀の招喚」と説示され、釈迦・弥陀二尊を挙げる。と同時に、第十七願成就の諸仏に重要な意義を認めている。しかも、その諸仏の証誠の中に大行の根源を見るのである。

ところで、親鸞の場合、諸仏は、ある時は弥陀に摂まるものとして見られ、ある時は釈迦と同じく見られる。前者は、いわゆる「諸仏弥陀」「諸仏如来」といわれる立場である。例えば、『浄土和讃』（「大経意」第十首）には、文明本によれば「弥陀の大悲ふかければ　仏智の不思議をあらはして　変成男子の願をたて　女人成仏ちかひたり」(3)とある。これに対し、専修寺国宝本によれば「諸仏の大悲ふかければ……」(4)とあり、しかも、わざわざ「諸仏」に「みたをしよふちとまふす　くわとにんたうのこゝろなり」(5)と左訓が施してある。すなわち、『大経』異訳の『仏説諸仏阿弥陀三耶三仏薩樓仏檀過度人道経』のこころから、諸仏即阿弥陀と見られたのである。

また『教行信証』では、本経は四度引用され、そのうち三か所にこの経名が出されている。さらにその中で、「信の巻」では『大阿弥陀経』という名が用いられている。(6)『選択集』をはじめ、法然の著述にはほとんどこの名が用いられていることからすれば、少なくとも吉水門下ではこの名が一般的であったように思われる。にもかかわらず「行の巻」(7)「真仏土の巻」(8)では、いずれも、ことさら、この長い『仏説諸仏阿弥陀三耶三仏薩樓仏檀過度人道経』

という具名が用いられている。しかも「行の巻」では上欄外に、「大阿弥陀経云、廿四願経ト云」(9)と註を付して説明している。「行の巻」においては、第十七願を異訳で確認するのに本経を引き、「真仏土の巻」においては、「真仏」の意義を明かすのに本経を引く。いずれも、弥陀と諸仏の本質が問題となるところで、「諸仏中之王也光明中之極尊也」(10)「みたをしよふちとまふす」という本経のこころによって、それを確認しているのである。

「無碍光仏のひかりには
　無数の阿弥陀ましまして
　化仏おの〵〵無数の
　光明無量無辺なり」(11)（『現世利益讃』）

と示されるごとく、諸仏とは、弥陀からの智慧の来生である。『讃阿弥陀仏偈和讃』第九首の「智慧光仏」の左訓には、

「ゐちさいしよふちの仏になりたまふことはこのあみたのちゑにてなりたまふなり」(12)

と示される。諸仏の無上の智慧は、阿弥陀、つまり如来の智慧である。したがって無量無数の諸仏は、無量無数の弥陀の智慧である。ゆえに諸仏は阿弥陀であり、同時に一一の諸仏は、弥陀の分身である。弥陀はいわゆる諸仏の本師本仏である。『阿弥陀経』によれば、六方に恒河沙の諸仏がまします。しかし、その徳は、いずれも阿弥陀の徳、阿弥陀の智慧である。すなわち、諸仏は弥陀に統合せられ、弥陀は「一切諸仏の智慧をあつめたまへる御かたちなり。」(13)（『唯信鈔文意』）とせられるのである。

次に、後者の立場は、諸仏の代表が釈迦で、諸仏は釈迦に即するものと見られる場合である。

その例として、

「釈迦諸仏は是れ真実　慈悲の父母なり。[14]」（『入出二門偈頌』）

「弟子者は釈迦諸仏之弟子なり。[15]」（「信の巻」）

等が挙げられる。

また、『大経』の出世本懐の「如来」を釈すにあたり、

「如来所以興出於世は如来とまふすは諸仏とまふす也（中略）釈迦如来のみことをふかく信受すへしと也。[16]」

（『尊号真像銘文』広本末）

と示される。すなわち、これは釈迦を如来と表現し、釈迦が諸仏であり、釈迦が諸仏を代表するという立場である。『阿弥陀経』における六方証誠の経説は、諸仏の讃嘆がその主である。また『大経』の「仏々相念」も、釈迦と諸仏相互におけるものである。諸仏の称揚讃嘆によって、衆生が信心を獲るとするならば、諸仏は、衆生の教化者という立場にあることになる。いわゆる「釈迦諸仏」といわれる立場である。

これらの領解に対し、親鸞は、もう一つ特筆すべき諸仏の理解をしている。すなわち、『真蹟書簡』、および『末灯鈔』七に、

「このこゝろのさたまるを、十方諸仏のよろこひて、諸仏の御こゝろにひとしとほめたまふなり。このゆへに、まことの信心の人をは、諸仏とひとしと申なり。[17]」（浄信宛御返事）

と示されるごとく、まことの信心の人は、諸仏と等しいという領解である。そのほか、同じく『真蹟書簡』および『末灯鈔』十五にも、

「真実信心をえたる人をは如来とひとしとおほせられて候也。[18]」（浄信御房御返事）

と示され、御消息の中では『浄信房の上書』も含めて、再三にわたり言及されるところである。[19]親鸞の場合、「同」

と「等」では、厳密にはその意が異なるものとせられ[20]、それゆえに、ただちに、まことの信心を獲る人がそのまま諸仏であるとは言えないものがある。しかし、これらによれば、弥陀をほめとなえる諸仏の中には、獲信の人をも含めていると見られるのであって、「諸仏とひとし」とは、獲信の人を〝諸仏に準ずる〟〝諸仏に含める〟の意味と解されるものと言うことができる。

さらに、『略論浄土安楽義』には、

「一には若し第二の仏無く乃至阿僧祇恒沙の諸仏無から使めば、仏便ち一切衆生を度したまふこと能はず。実に能く一切衆を度したまふを以ての故に、則ち十方無量の諸仏有ます。諸仏は即ち是前仏の度したまふ所の衆生なればなり。[21]」

とある。この文は、ただちに上述のごとく獲信者すなわち仏を証するものとは言えないにしても、「前仏の度したまふところ」という点において、「獲信の衆生即仏」を認めるものである。ゆえに「行の巻」に引用せられる七祖と、中国十師が各々、諸仏の具体相として領受せられるのである。前仏によって、先立って度せられたところの無量の衆生こそ、諸仏にほかならず、しかも、その十方無量の諸仏の存在意義は、十方衆生を度したまうことにあるとされるのである。『教行信証』後序の『安楽集』による、

「前に生れむ者は後を導き、後に生れむ者は前を訪らへ、連続無窮にして願は休止せざら使めむと欲す。[22]」

とは、かくして、頷かれるのである。

されば、諸仏は、十方衆生の宗教的要求に応じて、十方に具現せられ、それは、十方衆生をして、弥陀を念ぜしめる存在である。それこそ、われわれにとって「よきひと」であり、「善知識」として、われわれを導く存在である。

かくして、われわれは今、親鸞教学の上に、諸仏に対する三つの概念を見た。しからば、その「諸仏称揚之願」とはいかなる意義を持つのであろうか。

（二）

さて、親鸞は第十七願に、「設我得仏十方世界無量諸仏不悉咨嗟称我名者不取正覚」とある「称我名者」の一句に注意せられ、そこに「称揚」と「称名」の意を認めることとなった。それは『唯信鈔文意』に、

「おほよそ十方世界にあまねくひろまることは法蔵菩薩の四十八大願の中に第十七の願に十方無量の諸仏にわかなをほめられむとなえられむとちかひたまへる一乗大智海の誓願成就したまへるによりてなり。(23)」

と釈されるがごとくであって、それはまた「諸仏称名」の願名で示されるがごとくである。さらに、「我が名を称する者を咨嗟す」という意にも解して、『大経』の「見敬得大敬則我善親友」の文にもこれを確かめている（『末灯鈔』四）。

つまり、諸仏の能讃、称揚はもとより、所讃の称名までも誓われていると領解されたのである。ほめられるところの名号は、念仏往生の願意をその内容とするところであって、第十八願が、第十七願諸仏に誓われているところの名号・願心の意となる。したがって、第十八願と第十七願は「乃至十念」の称名の本願、すなわち願心という一点において、全くその領域を同じくしている。『唯信鈔文意』に、

「また称名の本願選択の正因この悲願にあらわれたり。(24)」

と示されるごとく、第十八願の意が、第十七願の上に先立って顕されていると領解せられたのである。

『教行信証』の上で問うならば、まさに、

「然に斯の行は大悲の願より出たり。(25)」

という一文である。同時に、この文は称名が廻向の行であるゆえんを明かし、大行そのものであることを示している。親鸞が「選択称名之願」という願名を付された意も、ここに見られるのである。「乃至十念」は、第十八願においては、十方衆生に誓われたものであるが、その十方衆生の称名は、「十方世界普流行(26)」をその心とする諸仏の称名において、初めて可能となるのである。第十七願の諸仏称名において、初めて第十八願が具現せられるのである。ゆえに衆生における称名は、第十七願廻向成就の行であり、その大行を顕すために「行の巻」には、この願を以って標挙とするのである。つまり、親鸞においては、諸仏は第十八願に対して、「十方世界普流行」という普遍的、実践的世界を開くものとして、その意義を領解せられたのである。

一方、このような「行」の問題のみならず「証」の問題についても、諸仏の意義が認められている。『愚禿鈔』においては、第十七願成就の諸仏証誠について、

「　　　　一功徳証成　釈迦二あり
証誠二者は
　　　　　二往生証成(27)」　諸仏二あり

と述べ、往生を諸仏が証誠するというのである。

さらに『唯信鈔文意』では、『唯信鈔』にしたがって、第十八願の内容を顕すとも言うべき「但有称名皆得往観音勢至自来迎」（『五会法事讃』）までも第十七願意とみて、その釈文中で「自来迎」より、現生正定聚に至る独自の証果論を展開している。すなわち「若不生者」の意を第十七願意に見て、往生の証誠を積極的に述べようとする

のである。往生もまた、諸仏の証誠を得て完きを得るのである。

続いて「信」の問題について考えてみたい。『唯信鈔文意』では、『唯信鈔』で第十八願意とみられている「聞名念我総迎来」（『五会法事讃』）を次のように釈す。

「聞名念我といふは聞はきくといふ信心をあらわす御のりなり　名は御なとまふすなり　如来のちかひの名号なり　念我とまふすはちかひのみなを憶念せよとなり　諸仏称名の悲願にあらわせり。[28]」

すなわち、「信」をあらわすところの「聞」を第十七願「諸仏称名の悲願」の上に領解しているのである。しかのみならず、信心、名号、憶念までも第十七願上に領解しているのである。本来、親鸞においては、第十八願は第十七願の諸仏の名号讃嘆を「聞き」信ずる衆生の立場を示すものとする。それは、念仏往生の願意を聞信することであり、それには、

「如来のちかひの名号なり。[29]」（『唯信鈔文意』）

「如来のちかひの名号をとなえむことをすゝめたまふ。[30]」（『尊号真像銘文』広本・略本共）

と言われるごとく、選択本願の名号を称すれば、必ず救うという如来の願心がこもっているのである。衆生は、この願心を聞くところに信心を獲る。ゆえに第十七願、第十八願は、「行」「信」に配当されつつも、第十七願の「称我名」は、第十八願の「乃至十念」と同視せられ、第十七願は行成就の願と見られるのである。したがって、その「行」には、すでに願心がこめられており、いわゆる信具の行が第十七願に誓われたと考えなければならない。ゆえに、今、「聞名念我」がすでに「諸仏称名の悲願にあらわせり」といわれるのも、頷けるのである。

かくして、「行」「信」「証」各々において、第十七願成就の諸仏の立場は決定的なものとなった。すなわち、諸仏は咨嗟称揚ということによって、念仏往生そのものの、全法界に承認せられたところの真実性を立証せられたの

である。また、諸仏称名ということにおいて、他力廻向が成就せられ、これによってわれわれの真実の救いが、現生において確認せられたのである。

（三）

ところで、「信の巻」には、

「金剛の真心を獲得すれば、横に五趣八難の道を超へ、必ず現生に十種の益を獲。何者か十為る。一には冥衆護持の益、二には至徳具足の益、三には転悪成善の益、四には諸仏護念の益、五には諸仏称讃の益、六には心光常護の益、七には心多歓喜の益、八には知恩報徳の益、九には常行大悲の益、十には正定聚に入る益也。(31)」

と、現生十種の益が説示せられる。すなわち、その第四と第五に諸仏護念、諸仏称讃の両益が挙げられている。つまり、諸仏が念仏の行者を護念、称讃せられるということであるが、ここにも諸仏の重要な意義があると思われる。言うまでもなく、これが現生の利益である以上、それが具体的に現実生活に顕れるか否かということは、その意義の本質を問うとき、たいへん重要な問題となる。

思うに、真仏弟子釈下における触光柔軟の願文以下の経釈の引用は、この十種の益を具体的に説明したものである。その各々は、信における護持と具徳を明かしながら、歓喜報謝の実践を展開しているものである。されば親鸞においては、現生十種の益を獲るところの「獲得金剛真心者」と「真仏弟子」は、互いに重なり合うものとして領解せられている。しかも、先に述べたところの、獲信の人が諸仏に等しいという意からすれば、この十種の益には、現実面に顕れたいっそう積極的な実践性がうかがわれるのである。

されば、諸仏の護念、称讃というのは、現実生活において、信心の行者が諸仏如来の徳を持ち、諸仏如来と等しい位に住すること、そのことを目醒めさせるという、極めて積極的な意義を有することとなるのである。信心の行者においては、如来の徳を廻施されることによって大涅槃を超証し、諸仏と等しい位に住したという厳しい自覚が促されたことになるのである。無数の化仏、無数の諸仏に、諸仏に等しい位に住したという自覚を促されることにおいて、真実信心は退転することなく、金剛の信となるのである。

「南無阿弥陀仏をとなふれは
　十方無量の諸仏は
　百重千重囲繞して
　よろこひまもりたまふなり[32]」(『現世利益和讃』)

と示されるごとく、念仏をとなえるとき、われわれは、「よろこひまも」られるということにおいて、自身に実感されるものとして、諸仏の働きを感得するのである。

(四)

十方にこだまする称名念仏は、諸仏の声であり、それは仏の大悲心がわれわれにまで来たる唯一の道路である。諸仏の流布によって阿弥陀の徳が知らされるのである。まさに、還相の世界における諸仏の相である。衆生を教化し、信心の行人を囲繞することは、「よきひと」を仰ぎ、親しき友を持ち、阿弥陀の本願を互いに証誠する世界である。往相の行信は、そこに諸仏に証誠護念せられる利益を、よろこび感得するのであり、そこに、他力廻向の世界を実感として領解するのである。他力の信はそれを信ずる諸仏があってこそ、初めて信ぜられるのである。

専修念仏とは、余仏余菩薩を捨てるものではない。弥陀に専ら帰するとは、諸仏に帰することである。弥陀を念じて諸仏に護念せられるのである。釈迦出世の本懐は、そのまま諸仏出世の本懐となり、諸仏の化導は、そのまま弥陀の誓願の顕彰となるのである。「汝一心ニ正念して直《じき》に来れ。」(33)（『散善義』）の「直」は、親鸞によるならば、「諸仏出世之直説」(34)（『愚禿鈔』）である。また『大経』上の、

「一一の諸仏、又百千の光明を放ちて、普く十方の為に微妙の法を説きたまふ。是の如きの諸仏、各各に無量の衆生を仏の正道に安立せしめたまふ。」(35)

という華光出仏もまた、第十七諸仏称揚之願に基づくところの護念証誠である。親鸞教学においては、弥陀と諸仏は、一仏即ち一切仏、一切仏即ち一仏という完全な融合が両者に見られるのである。ここに、本質面における諸仏の地位とその意義を領受するのである。同時に、南都北嶺の念仏弾圧によってもたらされた、

「爰に専修之身余仏を礼せず、余号を称せず。其余仏余号は即釈迦等の諸仏也」(36)（『興福寺奏状』）

という論難に教義的に答えるとともに、他力廻向の念仏として、念仏が真実普遍の大行であるとの事実を証明することとなったのである。

註

（1）『定親全』五、輯録篇―一六五。
（2）『定親全』三、和文篇―一七六。
（3）『定親全』二、和讃篇―三八。
（4）同前。

(5) 同前。
(6) 『定親全』一―一四二。
(7) 『定親全』一―一九。
(8) 『定親全』一―二三〇。この他、『愚禿鈔』でも『諸仏阿弥陀三那三仏薩樓仏檀過度人道経』の経名が用いられている。
(9) 『定親全』一―一九。
(10) 『定親全』一―二三一。
(11) 『定親全』二、和讃篇―六五。
(12) 『定親全』二、和讃篇―一二。
(13) 『定親全』二、和讃篇―『定親全』三、和文篇―一五七。
(14) 『定親全』二、漢文篇―一二四。
(15) 『定親全』一―一四四。
(16) 『定親全』三、和文篇―一一七。この他、『尊号真像銘文』略本、『一念多念文意』にも同様の記述がある。
(17) 「浄信宛御返事」、『末灯鈔』七・『定親全』三、書簡篇―二四・『善性本』・『定親全』三、書簡篇―七八。
(18) 「浄信房御返事」、真蹟書簡九、『定親全』三、書簡篇―三〇・『末灯鈔』一五・『定親全』三、書簡篇―九八。
(19) この他、『末灯鈔』三・四・一四・一八、『御消息集』一〇でも述べる。
(20) 稲葉秀賢「便同弥勒と与如来等に就いて」（『大谷学報』一七―二）参照。
(21) 『真聖全』一―三七二。
(22) 『定親全』一―三八三。
(23) 『定親全』三、和文篇―一六一。
(24) 『定親全』三、和文篇―一六二。
(25) 『定親全』一―一七。
(26) 『五会法事讃』。親鸞は『唯信鈔文意』でこの文を釈す。すなわち、『唯信鈔』をうけて、この文に第十七願意をみる。

(27) 『定親全』二、漢文篇―七。
(28) 『定親全』三、和文篇―一六四。
(29) 同前。
(30) 略本『定親全』三、和文篇―四二、広本『定親全』三、和文篇―七四。
(31) 『定親全』一―一三八。
(32) 『定親全』二、和讃篇―六六。
(33) 『定親全』九、加点篇(三)―一八三。
(34) 『定親全』二、漢文篇―四七。
(35) 『真聖全』一―二三。
(36) 『大日本仏教全書』一二四―一〇四。

二、親鸞の「信心仏性」について

はじめに

親鸞は『教行信証』「信巻」において、『涅槃経』「獅子吼品」の「大信心はすなはちこれ仏性なり。」(『大正蔵』十二―五五六)の経言を引用し、また『浄土和讃』では、

「大信心は仏性なり
仏性すなはち如来なり[1]」

といい、『唯信鈔文意』には、

「この心すなわち大菩提心なり。大慈大悲心なり。この信心すなわち仏性なり、すなわち如来なり。[2]」

とか、

「この心に誓願を信楽するがゆへに、この信心すなわち仏性なり、仏性すなわち法性なり。[3]」

と述べ、独自の立場から信心が仏性であると説く。

仏性については仏教の長い歴史の中では、有仏性・無仏性などさまざまに論じられてきた。また、親鸞の信心仏性についても理解する側の背景の違いから、これまた、さまざまな理解がされてきた。今、親鸞の信心仏性の教義

確立の背景とその事証として、「信巻」における阿闍世の救いのあとをたどってみたい。

（一）　仏性について

仏性の原語は buddha-dhatu、あるいは buddha-gotra であり、仏になる土台、仏になる因種、本性という意味を持つ。またこれと同じ意味を持つものに、tathagata-garbha 如来蔵、つまり自分の中に如来になるものを宿しているということを意味している言葉がある。そして、人間には、その仏性、如来蔵を自分の中に持っている者と、いない者がいるという。それを持っていない者を一闡提（icchantika）といい、断善根、信不具足と漢訳され、成仏できないとされている。

そして、あらゆる衆生が、すべて仏性、如来蔵を持っていて等しく仏になれるという考え方（『涅槃経』『勝鬘経』など）と、逆に、多くの衆生の中には仏性を持たない者もいるという考え方（『解深密経』『楞伽経』など）があった。ところで、この仏性について、四、五世紀ごろインドで成立した『宝性論』（Ratnagotra-vibhaga）にそのことが明快に論じられており、小川一乗は『宝性論』の、

「如来そのものは三種の身（法身、受用身、変化身）によって顕わされたものである。それ故に、如来性（仏性）はそれらを得るための因である。(4)」

を引用して、「仏性とは、「如来になる可能性」としての「仏を得るための因」という意味である」と解する。そして、

「漢訳語の上から単に「仏の本性」といった意味で理解されるとき、「仏の本性」とは涅槃であるとか、解脱で

あるとか法身であるとか（中略）といった解釈に流されていくのである。[5]」

と述べる。そして、『宝性論』には、「悉有仏性」について、

①仏の智慧が有情たちの中に働いているがゆえに、

②本性としての無垢なるかの真如が不二平等であるがゆえに、

③物の種姓においてその果（仏）が仮説されるがゆえに、

すべての人々は仏蔵（如来蔵・仏性）を有すると説かれるとし、①を如来の法身が遍満している義、②を如来の真如が無差別である義、③を如来の種性が存在する義と説明する。そして、③について二種に分け、真如そのものと、聞と思とを縁として新たに修得完成された種姓としている。[6]

つまり、『宝性論』によれば、一切の衆生が仏性を持っているということは、われわれ有情が、悪業煩悩の身であっても、平等に仏になるべく願われており、今、現に仏の智慧と慈悲に包まれているということをあらわしているということである。したがって、われわれに仏性があるということは、結局は、仏の側からの働きかけによるものであり、われわれが聞思することにより至り届いたものであると理解されている。すなわち、われわれに仏性があるということは、仏の智慧と慈悲に包まれているということに気づき、仏心、願心を自覚していくことに他ならない。

ところで、このようにインド仏教のあらゆる衆生に等しく、仏性、如来蔵が有るとする立場は、中国仏教においてさまざまに論じられ、仏性、如来蔵がない一闡提の存在を認める立場、さらには、あらゆる衆生、有情、すなわち人間をはじめとするすべての動物、さらには、非情なる草木、土石までも、仏性を持っていると考えられた。三論宗の吉蔵（五四九～六二三）、華厳宗の法蔵（六四三～七一二）、天台宗の湛然（七一一～七八二）らの主張は、草木

礫塵にまですべて仏性があり、等しく成仏するといいうるものであるというものである。

そして、それは日本仏教にも伝えられ、日本古来の自然崇拝とも重なり、最澄（七六七〜八二二）や空海（七七四〜八三五）も草木国土一切に仏性が具足するとしている。また、一闡提の存在を認める法相宗の徳一（八〜九世紀）と草木国土一切に仏性があるとする最澄の論争はよく知られている。

親鸞においても、『唯信鈔文意』（真宗法要本・真宗仮名聖教本）に、

「仏性すなわち如来なり。この如来微塵世界にみちみちてまします。すなわち、一切群生海の心にみちたまへるなり。草木国土ことごとくみな成仏すととけり。[7]」

と、述べている。道元（一二〇〇〜一二五三）もまた、『正法眼蔵』において、

「草木国土これ心なり。心なるがゆえに衆生なり。衆生なるがゆえに有仏性なり。[8]」

と述べている。ただし、親鸞の場合、後述するが、草木国土に本来的に種としての仏性があるのではなく、微塵世界の一切群生海の心に如来が遍満していて、それが人と同じように草木国土にも届いているという意味である。

（二）　親鸞における「仏性」

さて、親鸞においては『涅槃経』の「一切衆生悉有仏性」の文を「信巻」「真仏土巻」に引用し、また、『唯信鈔文意』では、「草木国土ことごとくみな成仏すととけり」といい、さらに「愚悲嘆述懐」和讃の「心性もとよりきよけれど」と述べていることから、あらゆるものに仏性があるとも述べている。一方、「愚悲嘆述懐」和讃では、「真実の心はありがたし」とか「清浄の心はさらになし」とも述べ、また、「無有出離之縁」などの機の深信の表現

などから、真実即ち仏性が全くないかのごとき表現もある。このことから、人間がもともと持っている本具の仏性をめぐって、それを徹底して否定する無仏性の立場とそれをあくまで肯定する有仏性の立場が対抗して論じられてきた。もし、前者の立場に立てば、阿弥陀の本願力は因としての仏性に対する単なる縁でしかないことになり、「一事として回向成就にあらざることあることなし」とする他力回向の立場と矛盾する。また、後者の立場に立てば、もしも、本具仏性を認めないならば、因なくして成仏という果が生ずることとなり、因果の道理に合わないことになる。さらには、その両者の矛盾を超えるべく、真如を弥陀に限り、一切衆生に仏性ありと言うのは、弥陀所証の真如の遍満であると説く、いわゆる遍満仏性説なども主張された。

しかし、親鸞は、「この信心すなわち仏性なり」といい、『涅槃経』の立場を独自に表現し、信心仏性を述べる。そして、その具体的事証を阿闍世の救いに見ている。したがって、上述の所説は、机上の観念であり、親鸞が「信巻」で示すように、阿闍世の救いをとおして主体的立場から考えないと理解できない問題である。したがって次に、阿闍世の救いの上に仏性を考察してみたい。

（三）阿闍世の救いと信心仏性

「信巻」末巻の冒頭で、難治の三病として謗大乗、五逆罪、一闡提を上げ、『涅槃経』によって阿闍世の救いを述べる。上述したが、「一闡提」とは、断善根、信不具足、極欲などと訳して、成仏する因を持たないものをいう。今、『涅槃経』では、一闡提の阿闍世が「月愛三昧」によって救われていく。日輪に象徴される智慧の光明に対し、月光は慈悲を象徴する。罪濁の身を抱えつつ、業縁存在として生を営む一切衆生の救済は理を超えたものである。

親鸞は今、月愛三昧に次の三義を上げる。

①譬ば月の光の能く一切の優鉢羅華をして開敷して鮮明なら令むるが如し。月愛三昧も亦是のごとし、能く衆生をして善心を開敷せ令むるが如し。

②譬ば月光の能く一切の路を行く之人の心に歓喜を生ぜ令むるが如し、月愛三昧も亦是のごとし、能く涅槃道を修習せむ者の心に歓喜を生ぜ令む。

③諸善の中の王なり。甘露味と為す。一切衆生之愛楽する所なり。(9)

すなわち、月愛三昧とは、月光つまり、仏の大慈悲心が人間の内奥の善心（仏心）を開敷し、自我による流転から「悉有仏性」の涅槃道に修習されていくことである。しかも、その修習していく働きが、「諸善の中の王なり」といわれるごとく仏の大慈悲心によるもので、人間からすれば、超越的、絶対的である。凡夫の悪心（凡心）が、そのまま仏の大慈悲心によって修習され、善心（仏心）に転ぜられていくことである。

「（世尊は、）阿闍世王の為に月愛三昧に入れり、三昧に入りて大光明を放(10)」ち、「阿闍世王の為に、涅槃に入らず(11)」とは、如来の智慧（諸善の王）が、智慧のはたらきとして娑婆界に現成することを意味しているのである。

今、その現成を『唯信鈔文意』に次のように示される。

「涅槃おば滅土といふ、無為といふ、（中略）仏性といふ、仏性すなわち如来なり。この如来微塵世界にみち〳〵たまへり。すなわち、一切群生海の心なり。この心に誓願を信楽するがゆへに、この信心すなわち仏性なり。(12)」

と示されている。そして、

「涅槃界といふは、無明のまどひをひるがへして、無上涅槃のさとりをひらくなり。界はさかいといふ。さとりをひらくさかいなり。大涅槃とまふすに、その名無量なり。[13]」

と、遍満する如来の働きによって、無明がひるがえされ、超越的世界が現成することである。つまり、涅槃界とは、凡夫が転じて、そのまま（即）仏に成っている世界のことである。阿闍世が仏の大悲心によってそのまま涅槃界にいたることである。

さて、ここでの問題点は、「悉有仏性」と「一闡提」の関係である。『涅槃経』には「断善根」について、「三世の因を断ず。ゆえに名付けて断と為す[14]」といい、さらに、

「善男子、一切の無明、煩悩等の結は悉くこれ仏性なり。何を以っての故に、仏性の因なるが故なり。無明、行、及び諸の煩悩より善の五陰を得、之を仏性と名づく。[15]」

と、説かれる。ここに「一切の無明、煩悩等の結は悉くこれ仏性なり。」と三世の善の生起が断ぜられ、同時にそこに、生善根つまり、「悉有仏性」が有ると説く。そこでは、「一切の無明、煩悩等の結」の自覚、つまり絶対否定の自覚において、仏性が現成するというのである。一闡提の自覚とは、自我の延長として追い求めていくあり方が、「煩悩の結」と絶対否定されることであり、自我崩壊である。自力無効の自覚であり、地獄一定の自覚でもある。しかし、それがそのまま本願の救いの覚知である。絶対否定即絶対肯定である。一闡提の自覚即仏性の自覚である。そして、それがいわゆる「未来仏性力の因縁」（同上）である。

しかるに、それをそのまま表す「阿闍世王の為に、涅槃に入らず」について、親鸞は「梵行品」を引用して「為阿闍世」に、

「かくのごときの密義、汝未だ解することあたわず。何をもってのゆえに、我、為と言うは一切凡夫、阿闍世は普くおよび一切、五逆を造る者なり。」

また、

①為は、一切有為の衆生なり、我終に有為の衆生の為に、而して世に住せず。何を以っての故に。それ無為は衆生にあらざるなり。阿闍世とは、即ちこれ、煩悩等を具足せる者なり。

②為は、即ち是れ仏性を見ざる衆生なり。若し仏性を見むものには、我終に為に久しく世に住せず。何を以っての故に、仏性を見る者は、衆生に非らざる也。阿闍世とは即ち是れ一切未だ阿耨多羅三藐三菩提心を発せざる者なり。乃至

③為は名づけて仏性と為す。阿闍とは名づけて不生と為す。世は、怨に名づく。仏性を生ぜざるを以っての故に、即ち煩悩の怨生ず。煩悩の怨生ずるが故に、仏性を見ざるなり。煩悩を生ぜざるを以っての故に、則ち仏性を見る。仏性を見るを以っての故に、則ち大涅槃に安住することを得、これを不生と名づく。是の故に名づけて阿闍世と為す。善男子、阿闍は不生に名づく、不生は涅槃と名づく。(16)

と、三義を述べる。すなわち、「為」を「一切有為の衆生」「仏性を見ざる衆生」「仏性」と解釈し、「阿闍世」を「煩悩等を具足せる者」「一切未だ阿耨多羅三藐三菩提心を発せざる者」「不生」と見ている。そして「仏性を生ぜざるを以っての故に、即ち煩悩の怨生ず」、逆に「煩悩を生ぜざるを以っての故に、則ち仏性を見る」といい、そして「阿闍は不生に名づく、不生は涅槃と名づく」と阿闍即涅槃、つまり、絶対否定即絶対肯定と文字通り論理を超えた仏法不思議を述べる。まさに、このことが煩悩即菩提、仏凡一体の立場であり、大悲の願力による転成の論理である。この立場こそ、「無根の信」の阿闍世が救われていく月愛三昧の説くところである。

よって、親鸞は結して、

「ここを以って、今大聖の真説に拠るに、難化の三機、難治の三病は、大悲の弘誓を憑み、利他の信海に帰す

れば、これを矜哀して治す。これを憐愍して療したまう。たとえば、醍醐の妙薬の一切の病を療するがごとし。濁世の庶類、穢悪の群生、金剛不壊の真心を求念すべし。本願醍醐の妙薬を執持すべきなりと。」[17]

と説く。「阿闍世」の阿闍世たる不生の身で、救いの縁すらなき衆生が、その自覚のもとに、大悲の弘誓を憑み、利他の信海に帰すれば、救われていくというのである。一闡提と仏性の関係は、本願救済の自覚、つまり、如来回向の信、真実信海の用の上に見られるのである。その有り様は摂取の心光として常に我を照らしているのであり、全世界に遍満しているのである。それこそ悉有仏性といわれる所以である。

ここに、他力回向の信が十方一切の衆生にはたらき、みな漏れず、悉く救われていくのである。この立場を親鸞は、「この信心すなわち仏性なり」と表現したのである。

親鸞における信心とは、称名念仏において、如来選択の願心より発起するものであり、自己の罪悪生死の自覚と阿弥陀仏の摂取不捨のはたらきに対する覚醒を意味するものである。すなわち、親鸞の立場で言えば、「地獄一定」の自覚と「往生一定」の自覚を「即一」として受け取る立場である。

今、親鸞が信心仏性であるというのは、阿闍と涅槃、煩悩と菩提、生死と涅槃が「即」の関係において成り立たしめる如来のはたらきそのものを言っているのである。すなわち、私は永遠に仏になれない存在でありながら、逆にそうであるからこそ私はまさに仏に成り得る存在であるということである。仏に成れないという自覚が、遍満する仏の大悲心、つまり、信心が仏性となって仏に成っていくのである。「いづれの行もおよびがたき身なれば、とても地獄は一定すみかぞかし」といいつつ、

「仏性すなはち如来なり。この如来微塵世界にみち〲てまします。すなはち、一切群生海の心にみちたまへるなり。草木国土ことごとくみな成仏すととけり。」[18]

と、一切が救われていくことである。もともと煩悩具足の身でありながら、未来においてかならず救われると願われており、摂取の心光をこうむっていることを教えるものである。それは、ひとえに仏の側から言われたことであり、仏の側から見て仏凡一体である。

（四）「唯除」の文と信心仏性

ところで、『無量寿経』では、第十八願文とその成就文に、阿弥陀は十方のあらゆる衆生を救済するが、唯、五逆罪を犯した者と正法を誹謗する者を除くと説かれ、また『観無量寿経』には、正法を誹謗する者については触られていないが、五逆罪を犯した者でも浄土に往生できると説かれている。

このことについて『浄土論注』では、五逆罪と謗法罪では、謗法罪の方が罪が重く、その人は仏法を否定するので救われないが、五逆罪を犯す者は、仏法に帰依して十念相続すれば、浄土に往生できるとする。これに対し、善導は、已造業と未造業に分け、本願唯除の文は、基本的には、五逆罪と謗法罪も未だ罪を犯していない者について、それを犯さないように抑止するための教説であるとする。そして、すでに犯してしまった者については、回心して懺悔するならば仏の大悲心によって、阿弥陀に摂取されて、浄土に往生すると説く。そして、親鸞は上のごとく、その例証を阿闍世の救いの上に見るのである。つまり、仏性即ち如来、「如来、微塵世界にみちみちて」、唯除の機である阿闍世が救われていったのである。ここに、親鸞は唯除の機であっても信心仏性によって成仏するとの確証を得ているのである。

法然においては、『選択本願念仏集』に第十八願文を引用するにあたり、「唯除」の文を削除しており、それに、

あまり注目していない。しかし親鸞は、「信巻」で上述のごとく、ことさら注目し、さらに『尊号真像銘文』で、

「唯除五逆誹謗正法といふは、唯除といふはたゞのぞくといふことば也。五逆のつみびとをきらい、誹謗のおもきとがをしらせむと也。このふたつのつみのおもきことをしめして、十方一切の衆生みなもれず往生すべしとしらせむとなり。(19)」

と解す。つまり、五逆も誹謗正法も重罪であることを明かしながらも、そのいずれの罪を犯すものもみな漏らさず往生せしめるということを示した経言であると解釈しているのである。したがって、『唯信鈔文意』には、

「罪根深といふは、十悪五逆の罪人、謗法闡提の罪人、おほよそ善根すくなきもの、悪業おほきもの、善心あさきもの、悪心ふかきもの、かやうのあさましきさまざまのつみふかきひとを深といふ、ふかしといふことばなり。すべてよきひと、あしきひと、たふときひと、いやしきひとを無碍光仏の御ちかひにはきらはずえらばれず、これをみちびきたまふをさきとしむねとするなり。真実信心をうれば実報土にむまるとをしえたまへるを浄土真宗の正意とするとしるべし。(20)」

と釈している。

これを「正信偈」には、

「凡聖逆謗斉回入　如衆水入海一味(21)」

という。さらに、これを自ら『尊号真像銘文』に、

「凡聖逆謗斉回入といふは、小聖、凡夫、五逆、謗法、無戒、闡提、みな回心して、真実信心海に帰入しぬれば、衆水の海にいりてひとつあぢわいとなるがごとしとたとえたるなり。これを如衆水入海一味といふなり。(22)」

と釈す。つまり、凡聖逆謗闡提みな、回心つまり、自力をひるがえして他力に帰したならば、海一味の救済にあず

かるというのである。

また、「高僧和讃」（初稿本）には、

「衆悪の萬川帰しぬれば
　功徳のうしほに一味なり(23)」
「煩悩の衆流帰しぬれば
　智慧のうしほと転ずなり(24)」

と『浄土論註』の、

「海の性の一味にして衆流入れば必ず一味となりて海の味彼に髄いて改まざるがごとしとなり。(25)」

に基づいて詠じ、さらに「正像末和讃」には、

「弥陀の智願海水に
　他力の信水いりぬれば
　真実報土のならひにて
　煩悩菩提一味なり
　われらこゝろとほとけのおむこゝろとひとつになるとしるへし（草稿本）
　あんらくしやうとにむまれぬれはあくもせんもひとつあちわいとなるなり(26)（初稿本）
弥陀智願の広海に
　凡夫善悪の心水も
　帰入しぬればすなわ〔は〕ちに

大悲心とぞ転ずなる

さまざまのみつのうみにいりてすなわちしほとなるかことく　せんあくのこゝろのみつみなたいひのしむになるなり（初稿本）

あくの心せんとなるをてんするなりといふなり(27)（文明開板本）」

と重ねて詠う。ここでは、転ぜられるものとして、「凡聖所修の雑修雑善の川水」と「逆謗闡提恒沙無明の海水」を挙げ、成ずるものとして、「本願大悲智慧真実恒沙万徳の大宝海水」とする。そして、経釈（『往生要集』『摩訶止観』と思われる）から「煩悩の氷解けて功徳の水と成る」を引用して、「煩悩の氷」が転じて「功徳の水」と成る、氷と水に喩える。これは「高僧和讃」に、

「罪障功徳の躰となる

こほりとみづのごとくにて

こほりおほきにみづおほし

さわりおほきに徳おほし(28)」

と、いずれも海ないしは水によって喩えている。そして、

「願海は二乗雑善の中下の屍骸を宿さず。いかにいわんや人天の虚仮邪偽の善業雑毒雑心の屍骸を宿さむや。(29)」

と、親鸞は海に同一鹹味と不宿屍骸の徳を挙げ、本願の世界を喩えている。「衆悪の万川」が、同一鹹味と不宿屍骸の海に転入し、転成していくとするのである。しかも、煩悩を失わずして、つまり、「つみをけしうしなわずして」（『唯信鈔文意』）念仏の功徳の相に転じていくのである。

まさしく、雑修雑善、そして難治の三病（謗大乗、五逆罪、一闡提）を屍骸に譬え、海の徳によってそれが、大善

大功徳に転じていくこと、つまり、本願による転悪成徳、転悪成善の益が示されていると考えられる。もちろん、阿闍世に重ね合わされた無明煩悩の愚禿親鸞自身が、本願によって功徳大宝海に転入していくことを述べているのであり、しかも、「われらこゝろ」「われら凡夫」としてそれが普遍化されていることは言うまでもない。

かくして、親鸞において、「唯除」とは、単なる排除の意味ではなく、五逆と謗法の罪の重さを知らせつつ、それでもなお、阿弥陀の大悲はそれらを漏らすことなく摂め取る抑止と摂取の両義を、そこに読み取っているのである。

むすび

以上、仏性について『涅槃経』、そして『宝性論』に尋ね、そこから、親鸞の言う「大信心は仏性なり　仏性すなわち如来なり」（『唯信鈔文意』）の立場を、阿闍世の救いに確認してきた。それは、逆謗闡提を救わんとする仏の大悲の働きを月愛三昧として説かれる『涅槃経』の経意そのものであり、抑止と摂取を意図する「唯除」の精神そのものでもあった。仏性とは、「この心すなわち大菩提心なり。大慈大悲心なり。」「この信心すなわち仏性なり、仏性すなわち如来なり。」と示されるがごとく、大慈大悲の心であって、「この如来微塵世界にみち〳〵て」、「一切群生海の心にみちたまへる」ものである。それゆえ、阿闍世に代表される「われら凡夫」が、黄金に転成されていくのである。そして、その確かさが阿闍世によって証誠されているのである。それは、あたかも、月の光が闇夜に降り注がれているように、救われがたい暗き身に、大悲の願心が降り注ぎ、それ自体が仏に成る「性」となって、私がそのままで、救われていくことを意味している。永遠に救われるはずのない私が、そのまま誓願不思議によって救われていく、それこそが親鸞の信心仏性である。

註

（1）『定親全』二、和讃篇—五七。
（2）『定親全』三、和文篇—一七五。
（3）『定親全』三、和文篇—一七一。
（4）Ratnagotravibhaga Mahayanottaratantra（Edited by E.H.Johnston. Patna,（1950）p.72,ll. 9～10).〔小川一乗『仏性思想』（一九八二年、文栄堂）一二五〕。
（5）『同』—三三。
（6）Ratnagotravibhaga Mahayanottaratantra（Edited by E.H.Johnston. Patna（1950）I-27).〔小川一乗『仏性思想』—三三参照〕。
（7）『真聖全』二—六三〇。
（8）『正法眼蔵』（岩波文庫）上、三三三。
（9）『定親全』一—一六七。
（10）『定親全』一—一六六。
（11）『定親全』一—一六五。
（12）『定親全』三、和文篇—一七〇。
（13）『定親全』三、和文篇—一七〇。
（14）『大乗涅槃経』迦葉品、『大正大蔵経』一二—五七〇c。
（15）『大乗涅槃経』迦葉品、『大正大蔵経』一二—五七一b～c。
（16）『定親全』一—一六五。
（17）『定親全』一—一八三。
（18）『真聖全』二—六三〇。

(19)『定親全』三、和文篇―七五。
(20)『定親全』三、和文篇―一六六。
(21)『定親全』一―八六。
(22)『定親全』三、和文篇―一八三。
(23)『定親全』二、和讃篇―九六。
(24)『定親全』二、和讃篇―九七。
(25)『真聖全』一―二八七。
(26)『定親全』二、和讃篇―一四八。
(27)『定親全』二、和讃篇―一七八。
(28)『定親全』二、和讃篇―九六。
(29)『定親全』一―七八。

三、真門における「行」「信」の意義

はじめに

親鸞教学において、真門とは言うまでもなく、第二十願によって開かれた世界であり、文字通り、「我が名号を聞きて、我国を係念して、諸の徳本を植えて心を至し廻向して我国に生まれんと欲はん」とするものである。親鸞によるならば、それは正しく、「本願の嘉号を以て己れが善根と為す」[1]（「化巻」、原漢文。以下同じ）といわれるごとく、心底に根ざした抜き難い定散心によるところの自力念仏の行者さえも、遂に果し遂げずにはおかないという世界である。つまり、真門二十願は「果遂の誓」として、第十八願に対して転入する必然的意義を持つものである。それゆえ、親鸞は自らの救いを「化巻」に次のごとく述べられる。

「是を以て愚禿釈の鸞、論主の解義を仰き、宗師の勧化に依て、久しく万行諸善之仮門を出て、永く双樹林下之往生を離る。善本徳本の真門に回入して、偏へに難思往生之心を発しき。然るに今、特に方便の真門を出でて、選択の願海に転入せり。速かに難思往生の心を離れて、難思議往生を遂げんと欲ふ。果遂之誓、良に由有る哉[2]。」

ところで、この表現は、いかにも、親鸞自身が自らの救いの歴程を時間的、もしくは年次的に記録あるいは、回顧せられているごとくである。したがって、古来、先学の間においてはそれを親鸞の生涯に配当し、その年次をめぐって、区々まちまちに論ぜられてきた。

しかし、それを年次的に配当しても、その前後に矛盾を生じることは周知のとおりである。すなわち、ここでは、

「然るに今、特《まこと》に方便の真門を出て、選択の願海に転入せり。(3)」（、は筆者）

といい、また後序では、

「建仁辛酉《しんゆう》の暦雑行を棄兮《て》本願に帰す。(4)」

という。ところが、恵信尼文書には、「さぬきと申ところにて(5)」「すざうりやくのためにとて」三部経の千部読誦をおもいたち、それを「みやうがうのほかにはなにごとのふそくにて、かならずきやうをよまんとするや(6)」（一部取意）とあり、自ら自力に堕していることを内省しておられる。

しかるに、他の先学は、この矛盾を説明するために、上掲の引文の「今」や「久」に着目し、さまざまな論義を重ねてきた。

もとより、これらの諸説は、いずれも、親鸞の救い、つまり従仮入真を歴史的、時間的なプロセスとして見るところに自ずと限界があり、上述の矛盾を突破することができない。つまり、三願による要・真・弘の三門を各々、時間的プロセスにおける段階的なものとして見るところに問題があるのであり、そうでないがゆえに、矛盾が生ずるのである。されば、それはいかに領解せられるであろうか。今、特にその中核をなすところの真門における「行」と「信」の意義を考えることにおいて、その課題に答えてみたい。

（一）

さて、「化巻」には第十九願とともに、

「阿弥陀経之意也

至心回向之願　不定聚機　難思往生」[7]

と第二十願が標挙され、本文中『大』『観』二経の詳細な真仮批判の後、真門の行信について、

「今方便真門の誓願に就て行有り、信有り、亦真実有り、方便有り。願は即植諸徳本之願是也。行は此に二種有り。一者には善本、二には徳本也。信者即至心回向欲生之心是也。[8]」

と述べる。即ち、行は「善本・徳本」、信は「至心回向欲生之心」と教示される。

ところで、この二十願の行と規定される善本・徳本とはいかなるものであろうか。願文に、

「十方の衆生、我が名号を聞きて、念を我が国に係けて、諸の徳本を植えて、心を至し、廻向して我が国に生れんと欲はん。果遂せずんば正覚を取らじ。[9]」

とあることよりすれば、善本・徳本とは「植諸徳本」の名号である。善本・徳本を仏の名号とする他経の例は、支婁迦讖訳の『阿閦仏国経』にあることが慧琳あるいは深励によってすでに指摘せられている。[10] 誠に親鸞の領解の確かさが頷かれるのである。即ち『化巻』には、

「善本は如来の嘉名なり。此の嘉名は万善円備せり。一切善法之本なり。故に善本といふ也。徳本者は如来の徳号なり。此の徳号は一声称念するに至徳成満し、衆禍皆転ず。十方三世の徳号之本なり。故に徳本とい

ふ也。[11]」

と釈される。

また、言うまでもなく『大経和讃』には「善本徳本」に左訓が施され、

「いんゐをせんほんといふ　くわゐのをとくほんといふ[12]」

と訓じられる。また『唯信鈔文意』には、

「号は仏になりたまふてのちの御なをまふす、名はいまだ仏になりたまはぬときの御名をまふすなり。[13]」

と釈される。このように親鸞の領解は、「善本」とは因位の嘉名、「徳本」とは果位の徳号とされるもので、因果の上に、善本・徳本は名号として領解され、

「この仏の御なはよろづの如来の名号にすぐれたまへり、これすなわち誓願なるがゆへなり。[14]」（『唯信鈔文意』）

と仰がれるのである。

しかるに、真門においては方便の機に対し、真実の法として名号が強調せられ、「名号の真門」（『大経和讃』）といわれるのである。

ところで、この善本・徳本が真実の名号であるならば、それは「行巻」に説かれる第十七願成就の「称我名者」の名号と同じでなければならない。しかるに、親鸞は「行巻」に、

「斯の行は即是諸の善法を摂し、諸の徳本を具せり。[15]」

と述べ、十七願の行が同じく、善本・徳本を摂具することを教示しておられる。すなわち、第二十願所説の善本・徳本の名号は、第十七願所説の大行の中に摂具され、ともに「あんらくしやうとにいたるまことのおしへ[16]」なのである。

ゆえに、第二十願は、

「教は者頓にして根者は漸機なり。行は専にして心は間雑す。故に雑心といふ。[17]」

といわれるのである。誠に「名号の真門」においては、行は真実であるといえども、信は疑蓋間雑の雑心である。

今、これを「化巻」に述べられる『小経』准知隠顕の釈から確かめてみると、

「顕と言ふは経家は一切諸行の少善を嫌貶して、善本徳本の真門を開示し、自利の一心を励まして、難思の往生を勧む。(中略)彰と言ふは、真実難信之法を彰す。斯れ乃ち不可思議の願海を光闡して、無㝵の大信心海に帰せしめんと欲ふ。[18]」

と説かれる。上に確かめたごとく、「顕」における「善本・徳本」とは、仏のみ名である。したがってそれは「彰」における「真実難信之法」であり、「不可思議ノ願海」に内具するものである。しかし、機についてみれば、『小経』は、「顕」の立場に「自利の一心」を説くところである。それゆえ本来、「堅牢」「不移転」「不散不失」「无二[19]」の真実信心を意味する「執持名号」「一心不乱」の経文も、定散自力の心を顕す言となるのである。本来、弘願真実を説き彰す『小経』を、かくのごとく領解するのも、不真実の機たるがゆえである。

思うに、われわれは真実の法を仰ぎつつも、その真実に帰し難く、疑蓋間雑し、自利の一心を励まんとするのである。正しく、

「助正間雑の心を以て名号を称念す。[20]」

といわれる立場である。「化巻」には、

「凡そ大小聖人一切善人本願の嘉号を以て己れが善根と為するが故に信を生ずることあたはず。仏智を了らず。彼の因を建立せること了知することあたはず。故に報土に入ること无き也。[21]」

と述べられる。真門においては名号は真実であるがその真実の名号を己れの善根として、我がはからいのもとに信ずる。即ち、名号の善本・徳本たるところにのみとらわれ、仏智を了《さと》らぬのである。換言すれば、自己の功利と打算にとらわれ、仏の本願を本願として仰がないがゆえにまことの信が生起しないのである。つまり、名号に顕れた本願を信ずるのではなく、善本・徳本で示される因果の徳、即ち功能を得る方法のみを信ずるのである。ゆえにこの信は言うまでもなく雑心であり、真実の信ではない。存覚師がすでに『六要鈔』で、

「此の経は是れ小経を指す、其の顕説とは、只善本徳本の功能を憑て、心を於利他の願力に措かず。自力の心を励す。此の分斉に約す。[22]」

と教示するごとくである。されば、名号は、善本・徳本をその所具として、広大智慧の名号といわれるが、われわれは功徳を求めず、仏智に目を向けて、名号の願力に全託すればこそ弘願の行者となるのである。名号は確かに因果の徳を備え、「万徳の所帰」である。しかし、その徳は憑んで自ら利するものではない。仏智を了って初めて本願により、利せられるものである。

然るに、われわれは、名号の勝れていることを聞けば聞くほど、あるいは名号の徳多きことを聞けば聞くほどその勝徳を求め、その勝徳を得るために、遍数を重ね、そして、その遍数を信じざるを得ない。

かくて、名号の功徳に対する功利と打算におぼれるわれわれは、如来に照らされつつも、自らその仏智を覆い、その名号の勝徳を聞けば聞くほど、自力の執心にとらわれ、選択の本願に帰すどころか、その功徳を憑み、あるいはその遍数のみを数えるのである。したがって、現実にはただちに弘願に帰すことができない。誠に定散の機たるがゆえである。われわれは自らの救いを可称、可説、可思議の幻想の中に描く。そして、念仏の嘉名を以って、自力念仏行として自己の上に実現せんとし、また、自らの力において、信心を立てんとする。正しくわれわれは、名

号（行）について立信するのではなく、功能について立信し、あるいは遍数について立信するのである。そこには、根源的ともいうべきただ執拗なる自力の執心があるのみである。

しかも、それがいかに執拗であるかは、親鸞における寛喜の内省によっても明らかである。

しかし、宗祖は、かくのごとき「自利一心」のわれわれがいかに劣機であろうとも、真実の法即ち名号を称え廻向願生するのであれば、その往生を「ついにはたしとげむ(23)」と領解せられるのである。

然るに、それは次のごとく讃ぜられる。

「至心廻向欲生と
　十方衆生を方便し
　名号の真門ひらきてぞ
　不果遂者と願じける(24)」

「果遂の願によりてこそ
　釈迦は善本徳本を
　弥陀経にあらわして
　一乗の機をすゝめける(25)」

「定散自力の称名は
　果遂のちかひに帰してこそ
　をしえざれども自然に
　真如の門に転入する(26)」

むろん、このことは、「無㝵の大信心海に帰せ令《し》めむと欲《おぼ》す。」という『小経』そのものの核心を見定めた経典理解に基づくものであることは言を俟たない。

されば、この本能的ともいうべきぬぐいさることができない極めて執拗な自力の執心が強ければ強いほど、逆に第二十願果遂の誓に顕れた仏の大悲心がいっそう深く仰がれてくるのである。

すなわち、自力の執心との対決は、それが真剣であればあるほど、逆に、人をして自力の不成就に導き、その能力の限界、つまり、自力無効を信知せしめ、自己の疑蓋間雑する現実をありのままに知らせるよりほかにないのである。人は、ここから自力廻向心をひるがえして、弘願他力の純一信心の世界に転入せざるを得ないのであって、そこに、自らを真実に帰せしめた如来の大悲心がいっそう深く仰がれてくるのである。「化巻」において、この第二十願を「既に而《し》て悲願有《い》ます。(27)」と言われたゆえんが、ここにあるのである。

さらに、三願転入の結釈の文を見るならば、

「果遂之誓良に由有る哉。爰に久しく願海に入て、深く仏恩を知れり。(28)」

の文を以って、願海転入と大悲感得の喜びを示している。

存覚師は、それを釈して、

「果遂等とは、此の如く展転して、仮従り真に入る、方便の門を出でて真実の門に入る。即果遂の願之成ずる所也。(29)」

という。真門行信の意義は、「仮」のわれわれをして「仮」に気づかしめ、「教えざれども自然に」弘願真実に展転して入らしめることにあるのである。真門行信とは、真実の法に照らされつつも、自らの抜き難き定散心、つまり功利と打算から抜けきれないわれわれ、――即ち、本願の嘉号を以って己が善根と為すゆえに信を生ずること能は

ざるわれわれ——をして、そのまま、所修の行、即ち弘願真実に帰せしめ、逆にそのことによって、信心を純化せしめるという「信」の批判を意図するのである。つまり、真門とは、「行」と「信」が不一致であるということを出発点として、逆に「信」を純化し「行」「信」一致せしめんとする中で、如来の大悲心に気づかしめる世界である。即ち、それは「行」が真実として仰がれるゆえにわれわれの雑心は批判され、本質的にそれが真実へと転成せしめられるのである。それゆえ、「をしえざれども自然に真如の門に転入」せしめられるのである。

されば、すでに先学が示すごとく[30]、二十願果遂の誓と十八願若不生者の誓は、基本的には、方便と真実であるが、共に念仏往生ということを一つの軸として、両願の極めて近い相応が成り立ち、むしろ、果遂の誓こそ、より定散心の間雑するわれわれの現実に即した、より具体的な悲願であるとさえいえよう。

（二）

ところで、親鸞は、「化巻」において真門を結釈するにあたり、『往生礼讃』の文を引く。即ち、善導は『礼讃』に雑修十三失の意味を述べ、そして、

「又相続して彼の仏恩を念報せざるが故に。心に軽慢を生じて[31]」

という。それを親鸞は取意して、

「真に知ぬ専修にして雑心なる者は大慶喜心を獲ず。故に宗師は彼の仏恩を念報すること無し、業行を作すと雖も、心に軽慢を生ず。常に名利と相応するが故に、人我自のづから覆ほて同行善知識を親近せざるが故に、楽《この》みて雑縁に近づきて往生の正行を自鄣鄣他するが故にと云へり[32]。」

と述べる。ここに、善導の言を以って真門そのものの本質が示されているのである。それは、

「助正ならべて修するをば
　すなわち雑修となづけたり
　一心をえざるひとなれば
　仏恩報ずるこゝろなし
仏号むねと修すれども
現世をいのる行者おば
　これも雑修となづけてぞ
　千中无一ときらはる、[33]」

と讃ぜられる。真門の信とは、正しくわれわれの本能的ともいうべき極めて執拗な執心であり、離れざるものである。だが、そこに果遂の誓がある。しかし、それゆえ、以って本願の正機となって救われるといえども、それは決して真実ではなく、あくまで方便である。しかるに今、雑修となづけられ、千中無一ときらわれるのであり、また、大慶喜心を得ずといい仏恩報ずる心なしといわれるのである。したがってそこには、強い仰止に通じた如来の大悲心が仰がれるのである。

　されば、この大悲心に照らされつつ、現実には、悲歎と慚愧によって、真如の門に転入せられていくのである。

　それゆえ、親鸞は真門の本質ともいうべき四失に次いで、

「悲しき哉。垢鄣の凡愚、无際より已来、助正間雑し、定散心雑するが故に出離其の期无し。自ら流転輪回を度《はかる》に微塵劫を超過すれども仏願力に帰し叵《がた》く、大信海に入り叵し、良に傷嗟《しやうさ》すべし、深く悲歎すべし。[34]」

と、自ら深い悲歎述懐の言を記すのである。そこには、先の真門の本質に対して自己自身が照らし出され、現実の自己が千中無一ときらわれる存在以外の何物でもないことが、深い悲しみを以って告白されるのである。もとより、この一一の文が善導の疏文を彷彿させることは言うまでもない。「出離其後无し」「仏願力に帰し叵く」「大信海に入り叵し」「良に傷嗟すべし」「深く悲歎すべし」とは、自らの救われ叵い絶望的現実を自覚した厳しい痛傷のことばにほかならないのである。

ところで、今ここで想起されるのは、善導の『般舟讃』のことばである。

「念念に称名し、常に懺悔すべし。(35)」

「常に慚愧を懐《いだ》いて、仰て仏恩を謝せよ。(36)」

即ち、常に慚愧の念を懐いて、常に称名を称え仏恩を謝せよとのことである。正しく、それは、

「信心の人におとらじと　疑心自力の行者も　如来大悲の恩をしり　称名念仏はげむべし。(37)」

のよりどころとなるものである。それは自我が否定され、絶望的現実にある悲しむべき痛むべき二十願の機に対し、果遂の誓から発せられた大悲の勧励である。しかるに、それは、必ず真如の門に転入せしむという必然的意義を有するものである。

かくて、真門においては常に定散心間雑する自らを慚愧し、常に仰いで如来の仏恩を謝し、称名念仏に励むべきであるという実践的意義が明らかにせられたのである。

さて、次に、上掲の「相続して彼の仏恩を念報する」とはいかなることであろうか。特に「相続」ということばに着目してみたい。

親鸞が真門結釈段で「常に名利と相応する」といい、「人我自のずから覆ほて」といい、さらに「楽みて雑縁に

近づきて」というごとく、執拗に生ずる雑心に対しては、慚愧の心もまた常に起こされるべきであり、称名念仏もまた常に称えられるべきである。それゆえに称名行が相続せられるのである。

しかるに、真門とは弘願に転入するための時間的、前段階的なプロセスではなく、われわれに執拗な自力の執心が存する限り、いつでもどこでも生起するものである。しかし、それは常に深い慚愧の思いを懐いて称名念仏することによって、自然に真如の門に帰せられていくのである。

今、そのことを親鸞の足跡に問うならば、

「建仁辛酉《しんゆう》の暦雑行を棄て兮《て》本願に帰す。(38)」

と示されるごとく、建仁元年に真実の法に値遇した、もちろん、それが一たびの廻心といわれるものであり、それゆえに、称名念仏即ち、真実の行に帰すことができたのである。しかし、執拗なる自力の執心は絶えることなく、常に湧き起こったであろう。しかるに、それが、寛喜の内省として告白されることとなったのである。同じく『歎異抄』でも、唯円とともに、

「念仏まふしさふらへども踊躍歓喜のこゝろおろそかにさふらふ」(第九条)(39)

と、自力執心の愚身を自覚されたのである。つまり、親鸞においては、雑行を棄てて、本願に帰したといえども、やはり臨終の一念に至るまで常に、自力執心への慚愧の念と、弘願転入の歓喜の念とが相互に生じたことと思われる。それは否めないことである。それゆえ、ことさら果遂の誓を以って良に由あるものとして仰いでおられるのである。

思うに、人は教頓機漸の真門から、如来の大悲心によって、弘願真実に転入するといえども、やはり、また常に生ずる執拗な自力の執心によって、疑蓋を雑え、そこから再び自力に堕すであろう。その時、人はただ厳しくわが

身の不真実を悲痛し、慚愧の念を持って称名念仏するより外に道はない。その念仏こそ、真実なるがゆえに、再び自然に真如の門に転入し、この上ない歓喜の心を得るのである。煩悩尽き難きがゆえに常にこれをくりかえし、常にまた弘願真実に帰すことができる。そこに不退転としての立場があるのである。親鸞の「称名念仏はげむべし」との歓励も、ここにその意義があるのである。すでに存覚師が「不行而行」(40)といわれるごとく、信心の相続も慚愧、慶喜、即ち間断、持続あいまって、相続せられていくものである。

されば、「をしえざれども自然に　真如の門に転入する」とは、逆に自らが自力の執心によって真門にあるということを反顕しているのであり、同時にそれをも摂めて捨てじという如来の大悲心を表現しているのである。

されば、人は真門から弘願に転入するといえども、時間的あるいは段階的に隔てて入るものではなく、常に雑から純、仮から真、漸から頓という信心浄化の作用として、臨終の一念に至るまで限りなく続けるのである。なぜなら、われわれの雑心が臨終の一念に至るまで限りなく生じ、とどまることを知らないがゆえにである。臨終の一念まで自力執心の悲歎がある以上、常に定散自力の心に根ざした根源的矛盾を孕みつつ、同時にその必然的意義から常に獲信の喜びを感得するのである。

かくて、われわれは真実の行を仰ぐがゆえに常に慚愧の念を生じ、同時に、行が真実なるゆえに常に獲信の喜びを獲るのである。慚愧、歓喜、交々に生じ来って、「をしえざれども自然に」信の純化が完うされるのである。ここに、真門の「行」「信」の意義がうかがえるのである。

以上、真門における「行」「信」の意義をたどり、併せて、それを、歴史的、段階的なプロセスとして論じることの誤謬を考察してきた。

ところで、宗祖は、「信巻」で真実信を顕す中で、

「真実の信心は必ず名号を具す。名号は必ずしも願力の信心を具せざる也。(41)」

と述べられる。(弘願)真実の信心はそのまま名号を信楽する信である。ゆえに真実信心は必ず名号を具す。しかし、名号には必ずしも願力信心は具せられない。なぜなら、真実の名号を聞きつつも、自力の執心を以って立信するがゆえであり、そこには、弘願真実の信心は立信されていない。ここに、われわれは、因果成就の真実の名号に遇いつつも、自己の功利と打算にとらわれ、真門に堕している自己を知らされるのである。われわれは、この深い慚愧と、それに対する如来選択の願心を仰ぎ、必ず真如の門に転入せられ、間断、持続あいまって、真実行信を相続していくのである。

されば、真門とは獲信の過程における単なる時間的、段階的なプロセスではない。したがって、決して、年次的に親鸞の生涯に配当できうるものでもない。それは、あくまで真実行を仰ぐことによって、疑蓋雑わる雑心を純化し真実に転じていく苦闘そのものであり、従仮入真の原理となるものである。方便とは常に真実から出て、真実に導き、常に真実に帰するものである。真門「行」「信」もまた常に真実から出て、真実に導き、常に真実に帰すものであらねばならない。

以上、小論においては、特に真門「行」「信」に主眼を置いて考察してきた。

註

(1)『定親全』一―三〇九。
(2)『定親全』一―三〇九。
(3)『定親全』一―三〇九。
(4)『定親全』一―三八一。
(5)『定親全』三、書簡篇―一九六。
(6)『定親全』三、書簡篇―一九五。
(7)『定親全』一―二六八。
(8)『定親全』一―二九三。
(9)『真聖全』一―一〇。
(10)『仏説無量寿経講義』で、深励が慧琳の所説として紹介している(『仏教大系』一―七六一)。
(11)『定親全』一―二九五。
(12)『定親全』二、和讃篇―四一。
(13)『定親全』三、和文篇―一五六。
(14)『定親全』三、和文篇―一五六。
(15)『定親全』一―一七。
(16)顕智本『浄土和讃』第十四首左訓。
(17)『定親全』一―二九五。
(18)『定親全』一―二九三。
(19)『定親全』一―二九三。
(20)『定親全』一―二九五。
(21)『定親全』一―三〇九。
(22)『真聖全』二―四〇〇。
(23)国宝本『浄土和讃』第十五首左訓。

(24)『定親全』二、和讃篇―四〇。
(25)『定親全』二、和讃篇―四一。
(26)『定親全』二、和讃篇―四一。
(27)『定親全』一―二九五。
(28)『定親全』一―三〇九。
(29)『真聖全』二―四〇七。
(30)藤原幸章「果遂のちかい」（『大谷学報』五九―四）。
(31)『定親全』九、加点篇（二）―一六二。
(32)『定親全』一―三〇八。
(33)『定親全』二、和讃篇―一一〇。
(34)『定親全』一―三〇八。
(35)『定親全』九、加点篇（三）―二五九。
(36)『定親全』九、加点篇（三）―二八七。
(37)『定親全』二、和讃篇―二〇〇。
(38)『定親全』一―三八一。
(39)『定親全』四、言行篇（一）―一一一。
(40)『真聖全』二―二八二。
(41)『定親全』一―一三二。

四、「前念命終　後念即生」考

はじめに

善導の五部九巻の一つ『往生礼讃』は、具疏中、最も宗教的荘厳な韻律を伴った著作である。しかも、その前序、後序は親鸞の仏教理解に大きな影響を与えている。高田本山専修寺に親鸞自身によると思われる加点本が残されており、今日その写真版は容易に目にすることができる。親鸞の何歳ごろの加点かは不明であるが、それには独自の読み方があり、親鸞はその内容を深く読解していたと思われる。特に元久二年（一二〇五）七月、親鸞三十三歳のとき、師法然より許されて図画した法然の影像に、法然自ら真筆をもって書き与えた「若我成仏十方衆生……衆生称念必得往生」の文は、この後序の一文である。また、『唯信鈔文意』所引の「若少一心即不得生」や『教行信証』「化巻」所引の雑修十三失、二種深信は前序に出ている。

そして、本論の主題とする「前念命終　後念即生」も前序の終わりに記されている文である。親鸞はこの文を、『教行信証』「信巻」に引用するばかりでなく、『愚禿鈔』では己証の注釈を加えている。そこに親鸞の往生観がよく示されている。本論では、この注釈の意味するところを考察して親鸞の往生理解を確かめてみたい。

（一）　善導の往生観

さて、『往生礼讃』において「前念命終　後念即生」は、本来どのような意図で述べられているのだろうか。まず、善導の往生観と合わせて考えてみたい。

『往生礼讃』とは、文字通り往生を願って六時に行う儀式について述べたものである。聖衆の来迎を祈り、浄土往生を願って実践する行修について述べたものである。特に『観無量寿経』『阿弥陀経』に説かれる行法が具体的に記されている。

「名号を執持して、若一日若二日乃至七日、一心に仏を称して乱れず、命終らんと欲する時、阿弥陀仏と諸の聖衆と現じて其の前に在す。此の人終わる時に心顛倒せず。すなわち彼の国に往生することを得。(1)」

とあるように、来迎往生の立場である。

特に、『観念法門』には、第一段末に、「入道場及看病人法用」として、「臨終行儀」が事細かに記されている。

今、その部分を確認すれば、次のごとくである。

「又行者等、若しは病み、病まざらんにも命終せんと欲はん時、一《もっぱ》ら上の念仏三昧の法に依りて、正しく身心に当てて、面を廻して西に向けて、心もまた阿弥陀仏を専注観想して心口相応し、声声絶すこと莫れ。決定して往生想、華台の聖衆来たりて迎接する想を作《な》せよ。病人若し前の境を見ば、即ち看病の人に向かいて説け。既に説を聞き已りて、即ち説に依りて録記せよ。又、病人若し語ること能はざる者は、看病の人と必ず須く数々病人に問うべし。何なる境界をか見ると。若し罪相を説かば、傍らの人即ち為に念仏して、助けて同じく懺悔して罪滅せしめよ。若し罪滅を得ば、華台聖衆、念に応じて現前して前に準じて抄記せよ。又行者等、眷属六親若し来たりて看病せば、酒・肉・五辛を食する人を有《い》らしむることなかれ。若し有らば、必ず病人の辺に向かふことを得ざれ。即ち正念を失す。鬼人交乱し、病人狂死して、三悪道に堕す。願わくは行者等、好く自ら謹慎《つつ》しんで仏教を奉持して、同じく見仏の因縁を作《な》せ。已前は是れ入道場及び看病人の法用なり。(2)」

つまり、意をとれば、行者においては、病む者も病まぬ者も、命終わらんとする時、念仏三昧の法によって、まさに身心を正して、顔を西に向けて、心を専ら阿弥陀仏に注いで観想し、心と口を相応させ、念仏の声を絶やすことなかれと。そして、決定して往生の想あるいは、華台の聖衆が来迎して、迎えとっていく想をなせ。死に逝く人が、もし前の境地を見たならば、それを看病の人に向かって説きなさい。その説を聞き已ったら、それを記録せよ。また死に逝く人がもし、よく語れなかったら、看病の人は、必ずしばしば死に逝く人に、どのような境地を見ているのか問うべきである。もし、死に逝く人が罪のありさまを説いたら、傍の人はそのために念仏してあげ、助けて同じように慚悔して、必ず滅罪させなさい。もし、滅罪を得たならば、華台の聖衆は念に応じて眼の前に現れるので、前に準じてそれを抄記せよ。また、行者等において、もし、六親眷属が来てその病を看るならば、酒・肉・五辛を食する人が有ってはならない。もし、眷属あれば、絶対に病人の辺りに向かってはならない。有れば、たちまち、正念を失し、鬼人が交乱し、病人は狂い死んで、三悪道に堕すであろう。願わくば、行者等においては、好く自ら慎んで、仏教を奉持して、見仏の因縁を作りなさい。ここまでは、是れ入道場および死に逝く人を看る法式であると理解される。

この部分は源信の『往生要集』にも、「導和尚云く」として引用されている。(3)

善導は、『観経疏』において、自力の善根功徳を積み上げるのではなく、凡夫韋提希が頓に、第七華座観で無生忍の悟りを得たと、現生に正定聚に住し、救われたと理解している。つまり、平生の日常の場での救いを述べているのに、一方では、このように、死に逝く人に対して、具体的な行儀を示し、臨終の来迎往生を説いている。念仏についても、『観経疏』で称名正定業を説くが一方では、阿弥陀仏との縁を深める（増上する）ための功徳善根としての念仏を説いている。

その意味では、善導の往生観はやはり、臨終来迎の往生観であり、「前念命終　後念即生」も命終の時の念仏であり、後の念仏で死後に極楽浄土に生まれることを祈るとの意味で理解されるのである。いわゆる順次往生の立場である。

しかし、この理解には、凡夫の救済という点では、はなはだ問題が残る。つまり、

(1)臨終に正念が保てるのかどうか。人はどんな死に方をするかわからないし、無常院や往生院で臨終行儀を守って死ねるかどうかわからない。それのできない多くの凡夫は救われないことになる。

(2)浄土を死後の実体的な世界と見るが、死後の世界の有無を論じることは戯論であり、いよいよ迷うことになる。

(3)善根功徳を積んで聖衆の来迎にあずかるというが、凡夫にそのような能力があるのかどうか。能力のない凡夫は永遠に救いから見放されていくことになる。このような現実の凡夫救済の課題に応えたのが、法然や親鸞である。

この課題に応えた親鸞は『末灯鈔』第一通、建長三歳九月二十日の消息で、

「来迎は諸行往生にあり、自力の行者なるがゆへに、臨終といふことは諸行往生のひとにいふべし。いまだ真実信心をゑざるがゆへなり。また、十悪・五逆の罪人のはじめて善知識にあふて、すゝめらるゝときにいふこ

とばなり。真実信心の行人は、摂取不捨のゆへに正定聚のくらゐに住す。このゆへに臨終待つことなし、来迎たのむことなし。信心のさだまるとき往生またさだまるなり。来迎の儀式をまたず。正念といふは、本弘誓願の信楽さだまるをいふなり。この信心をうるゆへにかならず无上涅槃にいたるなり。(4)」

と、従来の来迎は諸行往生にあり、自力だと否定する。そして、信の一念によって摂取不捨の救済にあずかり、正定聚に住すと主張する。そして、そこでは、真実信心の行人は「臨終まつことなし　来迎たのむことなし」と平生の「信心さだまるとき往生またさだまる」と述べる。現生における凡夫救済をきわめて積極的に述べている。

(二)『愚禿鈔』における親鸞の往生理解

ところで、上述の信の一念による摂取不捨の救いの有り方を端的に示すものが、『愚禿鈔』における「前念命終後念即生」の理解である。すなわち、そこでは、

「真実信心は内因なり。摂取不捨は外縁なり。

　本願を信受するは前念命終なり。「すなわち正定聚の数に入る」文

　　「即の時必定に入る」文

　　「また必定の菩薩と名づくるなり」文

　即得往生は後念即生なり。(5)」

と示される。『愚禿鈔』そのものが散文ではなく、メモ書きのような体裁であるが、その意図するところはよくわかる。

これは、「信受本願」を「前念命終」とし、「即得往生」を「後念即生」として、信の一念に命終を見ている。つまり、明らかに往生を現生に見ている。

さらに、「信巻」で「横超断四流」を釈して、

「断と言うは、往相の一心を発起するがゆえに、生として当に受くべき生なし。趣としてまた到るべき趣なし。すでに六趣・四生、因亡じ果滅す。かるがゆえに、すなわち頓に三有の生死を断絶す。かるがゆえに断というなり。(6)」

という。これは、信心の利益として、このような三有の生死の断絶を意味するものとすれば、正定聚を往生と理解する傍証となる。

そして、「信巻」では、『般舟讃』を引用して、

「厭えばすなわち娑婆永く隔つ、欣えばすなわち浄土に常に居せり。隔つれば、すなわち、六道の因亡じ、輪廻の果自ずから滅す。因果既に亡じてすなわち形と名と頓に絶うるをや。(7)」

と述べ、それを真仏弟子として展開するのである。つまり、現生に正定聚に住した真の仏弟子は、「浄土に常に居せり」ということになるのである。

このことは、『末灯鈔』三、正嘉元年（一二五七）十月十日性信房宛消息に、

「浄土の真実信心のひとは、この身こそあさましき不浄造悪の身なれども、こゝろはすでに如来とひとしければ、如来と申すこともあるべしとしらせたまへ。弥勒すでに无上覚にその心さだまりて、あるべきにならせたまふによりて、三会のあかつきとまふすなり。浄土真実のひともこのこゝろをこゝろうべきなり。光明寺の和尚の『般舟讃』には、信心のひとは、この心すでにつねに浄土に居すと釈したまへり。居すといふは、浄土に

信心のひとのこゝろつねにゐたりといふこゝろなり。これは弥勒とおなじといふことをまふすなり。これは等正覚を弥勒とおなじとまふすによりて、信心のひとは、如来とひとしとまふすこゝろなり。[8]」

と釈されている。弥勒と同じ境地であるといい、弥勒は果としての如来（仏）ということもあるというのである。

さらに、存覚の常楽台に伝わる「帖外九首和讃」には、

「超世悲願をききしより、
　われら生死の凡夫かは
　有漏穢身はかはらねど
　心は浄土に遊ぶなり[9]」

と伝える。これらの立場は、身は不浄造悪の穢身のままで、心は浄土に居して、住み遊ぶというのである。したがって、心は現生において往生していると解釈できる。

如来の願心は、本具の清浄心によって、いよいよ深く自己の現実の穢悪を見る。この現実の穢悪を見ることによってそれ自身を、染汚を離れて清浄にさせる。

その染汚を離れて清浄にさせる相が浄土の荘厳の相である。仏土いよいよ浄くして、願心により穢悪の現実の姿がいよいよ深く観じさせられる。浄土の相好荘厳を観察するところの観察門とは、決していたずらに固定する仏心仏土を瞑想するのではなく、直ちに本具の清浄の智慧によって願往生心を批判選択することである。

したがって、有漏穢身の現実が、それを照らし出す智慧の相こそ浄土の荘厳の相である。そこでは、すでに浄土が来現しているのである。それこそ「この心すでにつねに浄土に居す」相である。その体験を「信の一念」に見、本願の信受と受け止めているのである。それを、曽我量深師は「命終を前念する[10]」と理解し、また、妙好人浅原才

市は、

「才市は葬式すんで、臨終すんで、
なんまんだぶつとこの世にはいる
才市は阿弥陀なり
阿弥陀は才市なり(11)」

と表現したのである。

つまり、信の一念に報土の真因決定した位を正定聚とすることは、もちろん、さらにその信の一念を直ちに「命終」といい、あるいは、「往生」といって現生に穢身のままで、心は「往生」するとされる。親鸞は『愚禿鈔』において、現実の凡夫救済の課題に即応させて、善導の理解をきわめて積極的救済を示す立場で理解しているのである。「前念命終　後念即生」は、現生に「心は浄土に居する（往生）」として展開されたのである。

（三）親鸞の往生理解と『般舟讃』

順次往生の立場で書かれた「前念命終　後念即生」を、親鸞が現生の「心における往生」として展開した背景には、何があったと考えられるか。つまり、現生正定聚の立場がより現実的、積極的解釈として展開された背景には、上掲の『末灯鈔』にも引用されている『般舟讃』との出遇いが考えられる。

古版本『般舟讃』の刊記（大谷大学図書館蔵）によれば、建保五年（一二一七）、仁和寺で『般舟讃』が発見され、法然門下の成覚房幸西の門人明信が、善導の他の著作に続いてこれを刊行しようとしたが、寛喜三年（一二三一）

に入寂した。しかし、その遺志は門人に引き継がれ、翌貞永元年（一二三二）にようやく完成したという。[12] これで善導五部九巻の刊本がそろった。それは、親鸞六十歳の時であり、高田本山専修寺に蔵する親鸞加点本の加点は、これ以降になされたと考えられる。したがって、晩年、帰洛後に『般舟讃』を閲読し、『教行信証』にも引用されたと思われる。そのことが、『教行信証』の完成が帰洛後で、本文中の「我元仁元年[13]」以降に加筆されていた有力な根拠となっているのである。

親鸞は晩年、思索を深める中で、『般舟讃』からの示唆を受けて、このように「信心の人は、その心すでにつねに浄土に居す」と理解されていったと考えられる。また、そういう中で、上の「帖外和讃」も作られたのではなかろうか。もとより、この和讃は常楽台から発見された存覚書写本しか残っていないし、『三帖和讃』にも入っていない。成立が遅かったとも考えられるが、真作かどうかの疑問も残る。

ともあれ、『般舟讃』を拠り所に、正嘉元年（一二五七）十月十日性信房宛消息では、「信心の人は、その心すでにつねに浄土に居す」といわれ、浄土往生について、それまでとは若干違ったニュアンスの記述がなされている。

このように、親鸞の往生観が、『般舟讃』を根拠に、より積極的な理解になっているとすれば、『般舟讃』と出遇ったとき、つまり晩年に大きく変わったと考えられる。その意味では、『愚禿鈔』における「前念命終　後念即生」理解も、『般舟讃』との出遇いによるものとすれば、『愚禿鈔』の成立も、親鸞の晩年ということになる。この問題については、別の大きな課題なので論を改めて考察したい。

(四)「往生」に等しい

「この心すでにつねに浄土に居す」とは、心はすでに浄土に往生していることになる。それを、今、親鸞は「居すといふは、浄土に信心のひとのこころつねにゐたりといふこころなり。」ともいう。

ところで、信心の人は、弥勒と同じであるが、諸仏（如来）と同じではない。稲葉秀賢氏[14]が指摘されたように、親鸞は「同」と「等」を厳密に使い分けている（註、「同」は互いに重なり合うもの、「等」は互いに釣り合いがとれるものとの意である）。したがって、信心の人は臨終の一念に仏に成る（成仏）ことが約束されている位であって未だ仏ではない。弥勒は、五十六億七千万年後に仏になるということが約束されている菩薩である。だから、「証巻」に、

「正定聚に住するがゆえに必ず滅土にいたる。[15]」

といわれるように、信心の人は弥勒と同じなのである。弥勒とて、菩薩であって未だ仏ではない。だが、弥勒とて、『末灯鈔』第一八通、三通に、

「また、弥勒をば、すでに仏にならせたまわんことあるべきにならせたまひてさふらへばとて、弥勒仏とまふすなり。[16]」

とか、

「弥勒はすでに仏にちかくましませば、弥勒仏と諸宗のならひはまふすなり。[17]」

といわれるように、「仏」ということもあるのである。

したがって、信心の人、つまり、「心すでにつねに浄土に居す」人は、「往生したに等しい」のである。しかし、それは、どこまでも「等しい」のであって、浄土に生まれるのは、つまり、浄土往生は「臨終の一念」である。信心を得たときは、往生に「等しく」、臨終は往生に「同じ」、つまり、往生そのものである。また、弥勒菩薩がすで

に仏になることが定まっているので弥勒仏というのと同じように、信心を得たとき、往生することが定まっているゆえ、それを「往生す」ともいいうると理解できる。

信心獲得は「往生に等しい」、それゆえ弥勒を弥勒仏と諸宗で呼びならわすのと同じように、親鸞はそれを「往生」ともいったのであろう。「正定聚のくらいにつきさだまるを往生をうとはのたまへるなり。」とか、「信心をうれば、すなわち往生すという。」という言い方も、そのような立場で言われていると考えられる。

人は信心を獲得し、現生正定聚に住して、生死の苦悩を超えても、なお臨終の一念まで生死の中に生きている。有漏穢身を持ちつつ、生死の中に居る限り、凡夫であり、仏ではないし、そこは穢土であって浄土ではない。決して娑婆が浄土ではない。しかし、信心を得たことによって、すでに「心は浄土に遊」んでいるのであり、「心すでにつねに浄土に居す。」のであるから、浄土がその信心の人に来現しているのである。そのひとは、韋提希のごとく浄土を見土しているのである。したがってその人にとっては、浄土は「去此不遠」(『観経』)であり、眼前に浄土が開けてきたのであり、往生に等しいのである。しかし、それはどこまでも、主体的立場における事柄であって、決して浄土を客観的、実体的に受け止めるものではない。浄土は決して、死後の実体的な大霊界のごときものではないことは言うまでもない。

先学が「往生は心にあり、成仏は身にあり。」(18)(曽我量深)といわれた深意も、「心すでにつねに浄土に居す。」の領解からすれば全く相応する。

このような立場は、従来の浄土教の善根功徳を積んで死後に不退転の位につき、しかる後の未来に浄土に往生するという立場とは、大きく異なる。どこまでも信心獲得による本願の信受によるものである。「前念命終　後念即生」を従来の未来往生の立場から、信心獲得の利益とし、「本願信受」、「即得往生」をあらわすものとして理解した親鸞の積極的な往生観を示している。

信心の人に対して、現生に仏の方から来現する、つまり、「法性のみやこより、衆生利益のため、この娑婆界にきたる」はたらきかけによるところの往生について『尊号真像銘文』には、

「ひごろかの心光に摂護せられまいらせたるゆへに、金剛心をえたる人は、正定聚に住するがゆへに、臨終のときにあらず、かねて尋常のときより、つねに摂護してたまわざれば、摂得往生とまふすなり。[19]」

と、示される。「正定聚のくらいにつきさだまるを往生をうとはのたまへるなり。」という往生が、他力往生であるがゆえに、あえて摂得往生といっているのである。そこにも、臨終の一念の時の「往生」と区別させている意図さえ感じさせられるのである。

ここにも、従来の浄土教にくらべ、浄土という枠組みを保ちつつ、より現実的に、実際の苦悩の救済を課題とする仏教の立場に立とうとする親鸞の仏教理解が見られる。

むすび

以上、『愚禿鈔』における親鸞の「前念命終　後念即生」理解に、親鸞の往生観を見てきた。それは、『般舟讃』によるところの「心すでにつねに浄土に居す」というきわめて積極的な解釈であった。従来の臨終往生に立ちつつも、信の一念に「本願信受」、「即得往生」を得るという命終を前念するあり方であった。弥勒を弥勒仏というのと同様に、「往生に等しい」様を「往生」といってもよしとされる立場であった。

「行巻」には、「即得往生」の「即」について、

「即の言は、願力を聞くに由って報土の真因決定する時剋の極促を光闡せるなり。[20]」

と示され、「信巻」には、

「一念は、これ信楽開発の時剋の極促を顕し、難思の慶心を彰すなり。[21]」

と示されている。

したがって、それは決して積み重ねていって到達するものではなく、文字通り「即」であり、時剋の極促である。しかし、その瞬間とて物理的な時間、空間の一点と考えるべきではない。

「しかるに今、特に方便の真門を出でて、選択の願海に転入せり。[22]」

といわれる、「今」に凝縮される今である。同時にその今とはいつも今である。衆生の立場からすれば、「易往而無人」（『大経』）である。しかし、仏の側からすれば、

「定散自力の称名は
果遂のちかひに帰してこそ
をしえざれども自然に
真如の門に転入する[23]」

と、果遂の誓によるがゆえに、「をしえざれども自然に真如の門に転入する」のである。ちなみにこの文もまた、親鸞は『般舟讃』の、

「不覚転入真如門[24]（覚《おしえ》ざるに真如の門に転じて入る）」

を拠り所としている。しかも、そこには「不覚」とあって、それを親鸞は「をしえざるに」と訓んでいる。つまり、転入は行者にとって「不覚」なのである。臨終の一念まで「今」の連続として聞信していくところに、仏の側

からすれば「信心の行者」たりうるのであろう。信心獲得を「往生が始まる」と理解した先学の所説も頷ける。しかし、往生もまた本願のはたらきのままである。はたらきに義を加えれば、なお、義が生ず。凡夫の沙汰すべきことではない。仏意測りがたしである。信心の人のこの歩みこそが、「心すでにつねに浄土に居」し、「往生に等しい」のである。

註

（1）『定親全』九、加点篇（二）—二二二。
（2）『定親全』九、加点篇（二）—一一三。
（3）『真聖全』一—九五三。
（4）『定親全』三、書簡篇—五九。
（5）『定親全』二、漢文篇—一三および六六。
（6）『定親全』一—一四二。
（7）『定親全』一—一四三。
（8）『定親全』三、書簡篇—六九。
（9）『真宗聖典』（法藏館版）三六三。
（10）曽我量深「命終を前念して即生を後念す」（『曽我量深選集』第四巻）六〇頁。
（11）楠　恭『妙好人才市の歌』（一九七七年、法藏館）二二七頁。
（12）藤原猶雪「正安版生讃奥記を中心とする史的考察」（『仏教研究』第一巻一号、大正九年、『日本仏教史研究』所収）、藤堂祐範『浄土教版の研究』第五章、昭和五年、高橋正隆「善導大師遺文の書誌的研究」（藤堂祐範編『善導大師研究』所収、昭和五十五年）。
（13）『定親全』一—三一四。
（14）稲葉秀賢『真宗教学の諸問題』（一九七九年、同刊行会）「便同弥勒と与如来等について」一六九頁。

(15)『定親全』一—一九五。
(16)『定親全』三、書簡篇—一〇五。
(17)『定親全』三、書簡篇—六九。
(18)曽我量深「往生と成仏」(『曽我量深選集』第十二巻)一九三頁。
(19)『定親全』三、書簡篇—九六。
(20)『定親全』一—四九。
(21)『定親全』一—一三六。
(22)『定親全』一—三〇九。
(23)『定親全』二、和讃篇—四一。
(24)『定親全』九—二三四。

五、「転」と「即」

――親鸞の他力救済の内実――

はじめに

『教行信証』総序には、「円融至徳の嘉号は悪を転じて徳と成す正智」といい、また「信巻」の現生十種益の中に「転悪成善の益」があげられる。すなわち、親鸞における救済の内実は「転」として示され、ことばとしては「即」と表現される。煩悩即菩提であり、生死即涅槃であるが、内実は「転」である。

たとえば、「信巻」後半に難治の機が説かれる中、『涅槃経』における阿闍世の救済の説が長々と引用される。この阿闍世の救済こそが、「即」であり、「転」である。

しかれば、このことを発端にして親鸞の他力救済の意味を考察してみたい。

（一）　阿闍世の救い

親鸞は「信巻」で、『涅槃経』「現病品」、そして「梵行品」の所謂、月愛三昧の所説を引用して三病（謗大乗、五逆罪、一闡提）の救いを説く。題材としては王舎城の悲劇として知られる『涅槃経』所説の物語である。この中で、父を殺し、母を禁じた罪の意識から苦悩に喘ぐ阿闍世は、六師外道の瘉説によるも、堕地獄の恐怖と苦しみはいよいよ深まるのであった。この苦しみの中で、阿闍世は善友、耆婆の導きにより釈尊に遇う。そして、

「世尊、我世間を見るに伊蘭子より伊蘭樹を生ず。伊蘭より栴檀樹を生ずるをば見ず。我今始めて伊蘭子より栴檀樹を生ずるを見る。(1)」(「梵行品」、原漢文。以下同じ)

というのである。伊蘭子より栴檀樹を生ずとは、全く矛盾することである。つまり、伊蘭子とは、伊蘭樹の実で、まことに臭くしてその華果を噛めば狂い死にするほどであるという。そこに、一株の栴檀の樹があって、生長すると伊蘭林全体を改変して、芳しい匂いで包むという。阿闍世は「伊蘭子とはわが身是なり。栴檀樹は即ちこれ我が信、無根の信なり」という。わが身を否定し、救われがたき極悪の身と自覚している。そして、

「一切衆生、生死の中にありて、念仏の心もまたかくのごとし。ただよく念を繫けて、止まざれば、定んで仏前に生ぜむ。ひとたび往生を得れば、すなわち、よく一切諸悪を改変して、大慈悲を成ぜんこと、かの香樹の伊蘭林を改むるがごとし。伊蘭林とは、衆生の身の内の三毒・三障・無辺の重罪に喩う。栴檀というは、衆生の念仏の心に喩う。(2)」(「行巻」所引の『安楽集』・『観仏三昧経』)

と合釈す。

極悪の「無根の信」たるわが身が不思議にも、念仏の心を得てすくわれていく。

「世尊、もし我審かによく衆生のもろもろの悪心を破壊せば、我常に阿鼻地獄に在りて、無量劫の中にもろもろの衆生のために苦悩を受けしむとも、もって苦とせず。(3)」(「梵行品」)

と、釈尊に遇うまでは、堕地獄の恐怖と苦しみに喘いでいた阿闍世がこのように転じているのである。そして、

「我今未だ死せざるにすでに天身を得たり。短命を捨てて、長命を得、無常の身を捨てて常身を得たり。(4)」(「梵

行品」）

と、救われた境地を説く。

このことこそが、煩悩即菩提であり、生死即涅槃である。阿闍世の煩悩、罪障は消えたわけではない。しかし、そのままの境地で救われている。また、阿闍世は不死身になったのではない。逝く身のままで救われているのである。煩悩と菩提、生死と涅槃、それぞれ両者は絶対矛盾のままに同一であり、即であり非である。結果的には煩悩は菩提に転じ、生死は涅槃に転じているのである。つまり、「即」の内実は念仏の心による「転」である。されば次に、「転」の意味を明らかにしたい。

（二）「転入」と「転成」

親鸞教学において「転」には、「転入」と「転成」の二義がある。「然るに今方便の真門を出でて、選択の願海に転入せり」というのは、「転入」の意であり、「転悪成善」「転悪成徳」とはいわゆる「転成」の意である。

「転入」についていえば、『大経和讃』には、左訓に「ウツリイルトイフ」と付す。[5]「遷移」の意味である。転居・転任の意で、元の場所から新たな場所へ移ることである。したがって、元の方便から真実へと移り入ることとなる。「入」は帰入の義であり、通入、開入、回入等の意もこの中に含まれる。

三願転入における「転入」とは、従仮入真を意味し、親鸞の信仰体験を意味する特殊な用語である。つまり、十九、二十の方便の願から第十八願への転遷であり、自力の迷心から他力の願心に目覚めたところに、「ここに久しく願海に入りて深く佛恩を知れり。[6]」という感激がある。

行からいえば、「久しく万行諸善の仮門を出でて、善本徳本の真門に回入す。(7)」といわれるように、雑行から正行へ「ウツリイル」ことであり、信からいえば、「今特に方便の真門を出て選択の願海に転入せり。速やかに難思往生の心を離れて、難思議往生を遂げんと欲す。(8)」と、自力の信から他力の信へ「ウツリイル」ことである。したがって、行としての転入は、第十九願から第二十願への引入であり、また、信としての転入は、第二十願から第十八願への引入である。

ところで、「回入」と「転入」についてであるが、三願転入のところでは、十九願から二十願は「回入」とされ、二十願から十八願は「転入」の語が使われている。

しかし、「正信偈」に「凡聖逆謗斉回入(9)」といい、「文類偈」に「回入念仏真実門(10)」というように、他力に帰入する意味で回入と使っている。「大経和讃」には「転入する」の左訓に「メクリイル(11)」（再稿本）とあることからも、親鸞は転入も回入も同じ意味で使っていたと考えられる。

ともあれ、転入とは、転遷、遷移の意であり、ここでは自力から他力への遷移を意味している。

次いで、「転成」の意味について考えてみたい。親鸞の著作に「転成」の使用例はない。しかし、古来、上述の「転悪成善」「転悪成徳」を「転成」と示している。これらの根拠は、「行巻」所引の『楽邦文類』の、

「鐶丹の一粒は鉄を変じて金となす。真理の一言は、悪業を転じて善業となす。(12)」

や、『五会法事讃』の、

「能く瓦礫を変じて金と成さしむ。(13)」

にあると考えられる。

親鸞は『唯信鈔文意』に、

「『能令瓦礫変成金』といふは、能はよくといふ。令はせしむといふ。瓦はかわらといふ。礫はつぶてといふ。変成金は、変成はかへなすといふ。金はこがねといふ。かわら・つぶてをこがねにかえなさしめむがごとしとたとへたまへるなり。れうし・あき人、さまぐ〵のものは、みないし・かわら・つぶてのごとくなるわれらなり。[14]」

といい、さらに、

「過去・今生・未来の一切のつみを善に転じかへなすといふなり。転ずといふは、つみをけしうしなはずして善になすなり。[15]」

と釈す。このことからすれば、転成は「カヘナス」、つまり変成であり、転変の意味となる。

その意味では、「信巻」に引かれる『論註』の木火の譬え、つまり、

「譬えば、火、木より出でて、火、木を離るることを得ざるなり。木を離れざるを以っての故に、すなわち、能く木を焼く。木、火のために焼かれて、木すなわち火となるがごときなり。[16]」

も転成である。

されば、転入も転成も他力への入信を表現しているのであるが、それを、「転入」とは転移であるから機の立場から表現し、「転成」は、変成、転変であるから法からの得益を表現したものと見ることができる。他力による救済について、機における入信を表現して「転入」といい、法の自然の利益を「転成」と示しているのである。したがって、古来いわれる二種深信は転入であり、仏凡一体は転成であるといえる。

(三)「海」の譬え

ところで、親鸞は、転入、転成いずれも海で譬えている。「化巻」では「選択の願海に転入す」とか「ここに久しく願海に入りて深く佛恩を知れり」といい、「正信偈」にも「帰入功徳大宝海」「開入本願大智海[17]」といい、多くは海に譬えられる。特に「行巻」他力一乗海釈においては、

「海と言うは、久遠よりこのかた、凡聖所修の雑修雑善の川水を転じ、逆謗闡提恒沙無明の海水を転じて、本願大悲智慧真実恒沙万徳の大宝海水と成る。これを海のごときに喩うるなり。良に知りぬ、経に説きて「煩悩の氷解けて功徳の水と成る」と言へるがごとし[18]。」

といい、これを「正信偈」には、「凡聖逆謗斉回入　如衆水入海一味[19]」という。また、「高僧和讃」には、

「衆悪の万川帰しぬれば
　功徳のうしほに一味なり[20]」
「煩悩の衆流帰しぬれば
　智慧のうしほに一味なり[21]」

と、『浄土論註』の、

「海の性の一味にして衆流入れば必ず一味となって、海の味、彼に随いて改まざるがごとしとなり[22]。」

に基づいて詠じ、さらに「正像末和讃」には、

「弥陀智願海水に

他力の心水いりぬれば
真実報土のならいにて
煩悩菩提一味なり」(23)
われらこゝろとほとけのおむこゝろとひとつ
になるとしるべし（初稿本）
あんらくしゃうとにむまれぬればあくも
せんもひとつあしわいとなるなり（草稿本）

「弥陀智願の広海に
凡夫善悪の心水も
帰入しぬればすなはちに
大悲心とぞ転ずなる」(24)
あくの心せんとなるをて
んするなりというなり

と重ねて詠う。ここでは、転ぜられるものとして、「凡聖所修の雑修雑善の川水」と「逆謗闡提恒沙無明の海水」をあげ、成ずるものとして、「本願大悲智慧真実恒沙万徳の大宝海水」とする。そして、経典（『往生要集』『摩訶止観』か）から「煩悩の氷解けて功徳の水と成る」を引用して、「煩悩の氷」が転じて「功徳の水」と成る氷と水に譬える。これは、「高僧和讃」に、

「罪障功徳の體となる

こほりとみづのごとくにて
こほりおおきにみづおおし
さわりおおきに徳おおし[25]」

と、いずれも海ないしは水によって喩えている。そして、

「願海は、二乗雑善の中下の屍骸を宿さず。いかにいわんや、人天の虚仮邪偽の善業、雑毒雑心の屍骸を宿さんや。[26]」

と、親鸞は海に同一鹹味と不宿屍骸の徳を上げ、本願の世界を喩えている。「衆悪の万川」が、同一鹹味と不宿屍骸の海に転入し、転成していくとするのである。しかも、煩悩の体を失わずして、つまり、「つみをけしうしなわずして」(『唯信鈔文意』)、念仏の功徳の相に転じていくのである。

まさしく、雑修雑善、そして難治の三病(謗大乗、五逆罪、一闡提)を屍骸に喩え、海の徳によってそれが、大善大功徳に転じていくこと、つまり、本願による転悪成徳、転悪成善の利益が示されていると考えられる。もちろん、阿闍世に重ね合わされた無明煩悩の愚禿親鸞自身が、本願によって功徳大宝海に転入していくことを述べているのであり、しかも、「われらこころ」「われら凡夫」としてそれが普遍化されていることは言うまでもない。

(四) 不断煩悩得涅槃

罪障が功徳の体となるとは、「正信偈」で言うところの「不断煩悩得涅槃[27]」である。聖道の「断惑証理」の「断」に対して、今、親鸞は「不断」という(次にあげる『論註』の記述からすれば、「得涅槃分」というべきであるが、親鸞

は七言にそろえるためか、あえて「得涅槃」という)。

出典となる『浄土論註』では「荘厳清浄功徳成就」を述べる中、上に引用した海性一味の前に、

「煩悩を断ぜずして涅槃分を得。いずくんぞ思議すべきや」(28)

とあり、それに基づいていることは言うまでもない。したがって、「不断」とされるものは煩悩であり、得るものは「涅槃」、つまり大功徳である。このことからすれば、「不断」とは上述の「転」と同様の意味で使われている。機の立場からいえば不断であり、法の利益からいえば「転」である。

一方、散善は廃悪修善と示される(29)。これに対して、転悪成善といえば、「転」は「廃」に対することばでもある。自力による廃悪修善の限界を信知して、本願によって罪悪は「けしうしなわずして」善に転ぜられていくのである。前出の「正像末和讃」の左訓には、「あくの心せんとなるをてんするなりというなり」と釈する。このことを親鸞は『入出二門偈』に、

「煩悩成就せる凡夫人　煩悩を断ぜずして涅槃を得しむ
則ちこれ安楽自然の徳なり　淤泥華といふは経に説きて言く
高原の陸地に蓮を生ぜず　卑湿の淤泥に蓮華を生ず
此れは凡夫煩悩の泥の中に在りて仏の正覚の華を生ずるを喩ふるなり。これは如来の本弘誓不可思議力を示す。」(30)

と述べる。煩悩を断ずるのでもなく、廃するのでもなく、逆に救われがたき自身の無根の信を自覚したとき、「如来の本弘誓不可思議力」、つまり他力自然の徳によって救われていくということである。煩悩と涅槃は別のものである。しかし、本願の働きで凡夫の体を失わずして涅槃を得るというのである。しかも、このことは「煩悩即菩

提」「生死即涅槃」と「即」の言で示される。されば、次いで「即」の意味を考えてみたい。

（五）「即」と「自然」

「即」の論理は大乗仏教を貫くものである。この矛盾的相即を鈴木大拙は、「即非の論理」と名づけ、霊性的自覚の論理として詳説したことは周知のとおりである。[31]

もちろん、それは空縁起の思想に基づいて、対立、否定、一致をあらわすものであり、知的理解から信による領解への転換によるものである。すなわち、対象的立場から主体的に本願に帰入することによって結果的に得られる立場である。

大乗仏教における「即」について、中山延二は『矛盾的相即の論理』で、

「即は否定を媒介とするということである。即ち、色即是空・空即是色といわれているように、或は有即無、無即有とか乃至生死即涅槃といわれているように、それは矛盾したもの、互いに否定しあったものが互いに否定を媒介として即ち矛盾を媒介として結びついているということでなければならない。しかも、否定を媒介としたものの結合はいうまでもなく対象論理的に単なる結合ということではなく、それは、結合即分離・分離即結合的に矛盾的相即でなければならない。即ち縁起的でなければならない。それが仏教本来の論理というものである。[32]」

という。否定・矛盾を媒介として結びつくとはいかなることか。

思うに、ここでの否定は、いわゆる絶対否定であり、その絶対否定によって主体の方が転じているのである。煩

悩の身のままであり、生死の只中である。しかし、主体が転じているので、状況は同じでも菩提を得、涅槃の楽果を得ているのである。苦の現実にありながら、絶対否定によって自我が砕かれると、事実を事実のままに肯定できるのである。ありのまま即ち如実を知見すると、自我が砕かれる。それが妄想であったと知らされる。雨を苦と感ずるのは、自我（わがまま）である。雨の降っている如実（あるがまま）を知見すれば、自力の無効（絶対否定）を知る。つまり、自己を超えた他力を知らされる。他力のはからいの中にあることを知れば、降ってもよし、照ってもよしと事実をそのまま受け入れられる。つまり、雨を肯定できるのである。すなわち、対象的な状況は変わっていないが、主体的に自身（機）が転換（回心）している。だから、法の側からいえば苦即楽、煩悩即菩提である。

　ところで、「即」は、上に述べたように、煩悩即菩提の即、つまり、「そのまま」という意味と、もう一方では、即得往生の即、つまり「ときをへず、ひをへだてぬ」という意味、あるいは「くらゐにつく」という意味でも使われている。両者を果と因、つまり、縁起を自覚した結果のみならず、その主体的転換の過程もまた、「即」の言で示される。『大経』には「即得往生　住不退転」といい、龍樹は「即時入必定」といい、さらに曇鸞は「入正定聚之数」という。

　すなわち、「行巻」では、

「経には、即得といえり、釈には必定といへり。即の言は、願力をきくに由って報土の真因決定する時剋の極促を光闡せるなり。[33]」

といい、「信巻」の信の一念釈でも、

「一念はこれ信楽開発の時剋の極促を顕し、広大難思の慶心を彰すなり。[34]」

といい、また「行巻」で、

「ここをもって龍樹大士は、即時入必定と曰へり。曇鸞大師は入正定聚之数と云へり。[35]」

と述べる。ここから親鸞は、

「即得往生といふは、即はすなわちといふ、ときをへず、日おもへだてぬなり。また、即はつくという。そのくらゐにさだまりつくということばなり。[36]」（『一念多念文意』）

と説く。

このように、「即」に即時、即位の意味を見出し、本願を自覚すること、つまり因もまた「即」で示す。このことは、因である信の一念に果の「即」が決定されていることを示すものである。この道理を親鸞は、

「定散自力の称名は
　果遂のちかひに帰してこそ
をしへざれども自然に
真如の門に転入する[37]」

といい、さらに、

「信は願より生ずれば
　念仏成仏自然なり
自然すなはち報土なり
証大涅槃をうたがはず[38]」

という。つまり、自然法爾の境地である。即時に、即位して、生死即涅槃の世界を証するのであり、自然に自然の浄土に往生するのである。法の至徳として絶対的な転悪成善の利益により、善悪浄穢の対立を超えているから、相

対的な自力の改転は必要としない。教えざれども自然に、平等一味の他力一乗海に帰入するのである。

今、このことを『歎異抄』の表現を借りて述べてみたい。後序においては、「自身はこれ現に罪悪生死の凡夫[39]、……」というわが身の事実と、「弥陀の五劫思惟の願をよくよく案ずればひとへに親鸞一人がためなりけり[40]」という矛盾する自覚が、同時に成り立っている。

また、第十五条においては、

「おほよそ、今生においては、煩悩悪障を断ぜんこと、きはめてありがたきあひだ」

「弥陀の願船に乗じて、生死の苦界をわたり、報土のきしにつきぬるものならば、煩悩の黒雲はやくはれ、法性の覚月すみやかにあらはれて、尽十方の無碍の光明に一味にして一切の衆（生）を利益せんときにこそ、さとりにてはさふらへ[41]。」

という。自力無効の自覚という絶対否定から、煩悩を断ぜずして、「他の善もようにあらずと」善悪を超えた絶対肯定に立つ。それが尽十方の無碍の光明に一味となっていくことである。この絶望と歓喜、絶対否定と絶対肯定、この両者が「即」として成り立つ根源が自然と表現されているのである。

むすび

阿闍世自身に徹底した自己否定が経験され、その究極に罪悪生死の凡夫、つまり、伊蘭子であることを知らされた。その否定が、すなわち如来との出遇いであり、本願の働きの中にある阿闍世自身の救済の自覚である。しかし、阿闍世はどこか別の世界へ行って救われたのではない。その場所、つまり、伊蘭林で救われているのである。

生死を出でて涅槃に至るのであるが、生死界を捨てるのではない。世俗の中にありながら、つまり、日常的世界から他の特別な世界へ行くのではなく、日常のままに栴檀の香木となって救われているのである。奇跡を起こして不死身になるのではなく、死に逝くままに救われているのである。これが、生死即涅槃である。これを今、親鸞はわが身一人の上に見、そのまま全人類の救いの道理として普遍化したのである。この「即」と「転」で示されることこそが親鸞の救済の内実である。まさしく、それが真宗を「大乗の至極」といわしめる所以である。

註

(1)『定親全』一―一七四。
(2)『定親全』一―三八。
(3)『定親全』一―一七四。
(4)『定親全』一―一七五。
(5)『定親全』二、和讃篇―四一。
(6)『定親全』一―三〇九。
(7)『定親全』一―三〇九。
(8)『定親全』一―三〇九。
(9)『定親全』一―八六。
(10)『定親全』一―一四四。
(11)『定親全』二、和讃篇―四一。
(12)『定親全』一―八〇。
(13)『大正蔵』四七―四八一 c。
(14)『定親全』三、和文篇―一六八。

(15)『真聖全』二―六二三。専修寺本には「罪を善とかへなすをいふなり」(『定親全』三―一五九)とある。
(16)『定親全』一―一四〇(『論註』、『真聖全』一―三〇一)。
(17)『定親全』一―八六。
(18)『定親全』一―七八。
(19)『定親全』一―八六。
(20)『定親全』二、和讃篇―九六。
(21)『定親全』二、和讃篇―九六。
(22)『真聖全』一―二八七。
(23)『定親全』二、和讃篇―一四八。
(24)『定親全』二、和讃篇―一七八。
(25)『定親全』二、和讃篇―九六。
(26)『定親全』一―七八。
(27)『定親全』一―八五。
(28)『真聖全』一―三一九。
(29)『定親全』一―二七八。
(30)『定親全』二、漢文篇―一二一。
(31)秋月龍珉「即非の論理(Ⅰ)(Ⅱ)」『禅学研究』第四六、四七号(一九五六、五七年、花園大学)参照。
(32)『矛盾的相即の論理』(一九七四年、百華苑)―二一四。
(33)『定親全』一―四九。
(34)『定親全』一―一三六。
(35)『定親全』一―六八。
(36)『定親全』三、和文篇―一二七。
(37)『定親全』二、和讃篇―四一。
(38)『定親全』二、和讃篇―一一八。

(39)『定親全』四、言行篇―三七。
(40)『定親全』四、言行篇―三七。
(41)『定親全』四、言行篇―二八。

六、親鸞における神祇の「不拝」と「不捨」について

はじめに

親鸞教学の中には鋭意な否定的表現を以って人間の思議を超えた世界を語ろうとするものが多い。たとえば、悪人正機や非行非善、非僧非俗、不廻向といった立場である。われわれは、常識的な知的概念をまず、このように否定されることによって、逆に、弘願真実の世界を信知し、他力廻向を領受することができる。つまり、われわれは、自己の思いを否定されることによって「無明」を知らしめられ、ここから新たに他力に生かされていく契機として、そのことを身証していくことができるのである。

しかも、親鸞の場合は、その否定されるものを特に弘願の通路として見、単に非真実として否定するのではなく、真実への通入の否定媒介（方便）として、新たな価値を見出し、仰ぎ、讃嘆する独自の論理がある。

近来、このことを一つの課題として考究を重ねている。それゆえ、小論でも特に親鸞の神祇観に焦点を当ててこのことを考えてみたい。

ところで、対外教、対神祇ということになると、それは勢い「勝他」、つまり、他に対する批判のための論理、批判のための批判原理に陥る可能性がある。しかし、それは、親鸞の立場からすれば、全く逆であり、「自己の内

面の外教性」「自己の内面の神祇性」を厳しく問うことにより、そのこと自体を自己の信心純化の原理として見ていかねばならない。特にそのような姿勢を学びつつ、上述の問題を考えてみたい。

（一）

さて、親鸞における神祇に対する態度は『教行信証』「化身土末巻」に、

「夫れ諸の修多羅に拠って真偽を勘決して外教邪偽の異執を教誡せば、『涅槃経』に言はく、仏に帰依せば、終にまたその余の諸天神に帰依せざれ。(1)」

と、明確に表明されている。そして、その明証として、この『涅槃経』のほか『般舟三昧経』『大集月蔵経』『菩薩戒経』など多くの経釈が引かれる。

特に『論語』の、

「季路、鬼神に事んことを問ふ、子曰く、人に事ること能わず、焉ぞ能く鬼神に事えん。(2)」

を、

「子の曰く、事こと能わず、人焉ぞ能く鬼神に事へんやと(3)」

と読みかえていることなどは、その立場を最もよく表したものといえる。一貫した親鸞のこのような態度は徹底しており、峻烈を極めている。弥陀一仏に帰投した親鸞の立場からすれば、それは当然のことと言わねばならない。(4)

同時に、親鸞の外教批判は、その本質が自己の悲歎であることにおいて、それが単なる外教批判に留まらず、自己の内面、つまり主体的世界に問いかけられている。すなわち自己自身の虚偽性を、

「五濁増のしるしには
　この世の道俗ことごとく
　外儀は仏教のすがたにて
　　内心外道を帰敬せり(5)」

とか、

「かなしきかなや道俗の
　良時吉日えらばしめ
　天神地祇をあがめつゝ
　　卜占祭祀つとめとす(6)」

と告白していることで容易にわかる。

そこには、親鸞自身、念仏に帰していこうとすればするほど、逆に外道に心が動き、外道性の忍び寄ってくる自己の内面が赤裸々に見えてくる。そういう悲歎が見られるのである。それは、他に対してではなく、自身においてどこまでも厳しく信心を純化し、信仰の純粋性を求める立場である。

一方、親鸞にはこのような立場とは、一見逆に思える立場がある。すなわち、神祇冥道を捨てず諸神が念仏者を護念するとの立場である。「化巻」では、『大集経』『灌頂経』などにより、鬼神の念仏者護持を明かし、さらに、「信巻」では現生十種の益の第一に「冥衆護持の益」を挙げる。また『現世利益和讃』でも、

「南無阿弥陀仏をとなふれば
　炎魔法王尊敬す

五道冥宮みなともに
よるひるつねにまもるなり(7)」

「天神地祇はことごとく
善鬼神となづけたり
これらの善神みなともに
念仏のひとをまもるなり(8)」

と述べ、いずれも天神地祇が「南無阿弥陀仏をとなふる」者を護念するとの立場である。

さらに、『御消息集』四には、

「まづよろづの仏・菩薩をかろしめまひらせ、よろづの神祇、冥道をあなづりすてたてまつるとまふすこと、この事ゆめゆめなきことなり(9)」

とまで記されている。ここでは、明確に神祇不捨の立場が示されている。

ここから親鸞の神祇に対する立場は一見、矛盾したもの、もしくは妥協として読み取られるのである。たとえば、戸頃重基氏は、その著『鎌倉仏教』で、

「一方では拒絶し、他方では妥協するような矛盾が親鸞の場合は神祇観にも現われている。（中略）『正像末和讃』の神祇不拝の信仰が、建長四年（?）九月二日の「念仏の人びと」にあたえた消息文では」

といって、『御消息集』四の本文を引き、続いて、

「さきの一神教的信仰として有する非妥協的反神道観が汎神論的仏教のひとつとして有する妥協的神道観へ移行しているのである。(10)」

という。つまり、『御消息集』四を神祇に対する妥協と氏は主張する。果たして、親鸞は、神祇に妥協したのであろうか。

ところで、「不拝」と「不捨」という一見あい矛盾する親鸞の立場について、先学の所説を学んでみると、おおむね次のようにまとめることができる。

すなわち、「不拝」が親鸞の基本的立場であり、「護念」（不捨）の立場は、信心獲得の後、

(1)「七箇条起請文」などに見られる法然の立場を踏襲して言われた[11]。

(2)「社会的現実論の問題として、宗義の許す限りにおいて、神祇不軽の道徳的立場を弁明したものである[12]。」

(3)「法悦生活の余徳として自然にあらわれるものを示された[13]。」

との説などが見られる。そして、この立場は、「神々に護られる存在への転回」とか「自己解放」「批判的克服」「独立者の誕生」ということばで以って讃嘆される。これらの見解からは、いずれも、たいへん大きな示唆を与えられる。特に、それが妥協ではなくて、信心獲得の上でという点では大いに共鳴できる。しかるに、今一つそれに充分な説得力を与えるために『御消息集』四の本文を手がかりに再考してみたい。

（二）

さて、『御消息集』四には、

「まづよろづの仏・菩薩をかろしめまひらせ、よろづの神祇・冥道をあなづりすてたてまつるとまふすこと、この事ゆめ〳〵なきことなり。世々生々に無量無辺の諸仏・菩薩の利益によりて、よろづの善を修行せしかど

も、自力にては生死をいでずありしゆへに、曠劫多生のあひだ、諸仏・菩薩の御すゝめによりて、いままうあひがたき弥陀の御ちかひにあひまひらせてさふらふ御恩をしらずして、よろづの仏・菩薩をあだにまふさんは、ふかき御恩をしらずさふらふべし。仏法をふかく信ずるひとをば、天地におはしますよろづの神は、かげのかたちにそへるがごとくしてまもらせたまふことにてさふらへば、念仏を信じたる身にて、天地の神をすてまふさんとおもふこと、ゆめ〳〵なきことなり。神祇だにもすてられたまはず、いかにいはんや、よろづの仏・菩薩をあだにもまふし、おろかにおもひまひらせさふらふべしや。(14)」

とある。すなわち、ここではまず「不捨」を述べ、その理由として、「仏法をふかく信ずるひとをば、天地におはしますよろづの神は、かげのかたちにそへるがごとくしてまもらせたまふこと」をあげる。

では、いったい「まもらせたもう」とはいかなることであろうか。

親鸞のことばの中に、それを求めても明確な記述はない。ただ、仏の摂護については、次のような記述がある。すなわち、『一念多念文意』と『尊号真像銘文』にそれぞれ、

「護はところをへだてず、ときをわかず、ひとをきらわず、信心ある人おばひまなくまもりたまふとなり。まもるといふは異学・異見のともがらにやぶられず、別解・別行のものにさえられず、天魔波旬におかされず、悪鬼・悪神なやますことなしとなり。(15)」

「つねにまもりたまふとまふすは、天魔波旬にやぶられず、悪鬼・悪神にみだられず摂護不捨したまふゆへ也。(16)」

これらは、いずれも、仏が信心の人を護るということは、神祇に「みだられず」「おかされず」「なやますことな」きことであるとの意である。したがって、神が「まもらせたもう」の説明にはならない。

しかるに、今、私に一つの試解を提示してみたい。

さて、神祇の問題は、周知のとおり、『教行信証』の「方便化身土末巻」の中心テーマである。されば、神祇といえども、それは弘願真実に通入るための方便となりうるものであることを意味している。方便とは、真実より出て、真実に非ざるものを真実に導くものである。されば、神祇を奉じていたものがその不成就を信知して、ひとたび廻心によって弘願に通入したならば、それもまた否定契機、否定媒介として、大悲の願海に包まれていたものであると言わねばならない。

『一念多念文意』には、

「異学といふは、聖道・外道におもむきて、余行を修し、余仏を念ず、吉日良辰をえらび、占相祭祀をこのむものなり、これは外道なり、これらはひとへに自力をたのむものなり。[17]」

と記されている。ここでは、神祇的行為である吉日良辰、占相祭祀を、「自力をたのむもの」とおさえている。

親鸞の場合、「自力」とは常に方便としての意義をもっており、「逆悪もらさぬ誓願に方便引入せしめ」るものである。されば、親鸞においては、神祇的行為が、自力であるということにおいて、そのすべてが弘願に帰するための方便であったと領解できる。つまり、真実信心を獲得したものからみれば、自らが神祇に迷っていたことまでが、大悲願海に包まれていたと知らされてくるのである。ここに、外教までも方便として包み込んでいく願海の広さを感ずるのである。

もとより、これは神祇を肯定する論理ではない。神祇の畏怖、呪縛から解放された者の信心の内景である。したがって神祇は、あくまで外教であり、「偽」として否定されるべきものであり、いささかも「神祇不拝」をくつがえすものではない。

されば次に、「信巻」の「偽」批判からこのことをたずねてみたい。

(三)

さて、親鸞は、「信巻」で真の仏弟子を問う中で、「仮」の仏弟子とともに「偽」の仏弟子について述べる。すなわち、

「偽と言ふは、則ち六十二見、九十五種の邪道これなり。[18]」

との文である。真の仏弟子に対し、偽の仏弟子とは、全く涅槃を求めることなく、吉日良辰、占相祭祀を好み、現世の禍福にのみ呪縛されるものである。

「外儀は仏教のすがたにて
　内心外道に帰敬せり[19]」

と歎かれるごとく、外相に仏教の姿をとりつつ、内面に、現世における禍福をのみ問題とする似非者こそ、「偽」の仏弟子である。内面が外道である似非者とは、外道に迷っている仏弟子である。すなわち、それでもなお仏弟子であるというところにおいて、外道に迷っていても捨てられず、なお救われていく道が残されていることを意味しているのである。

現世の禍福を問題とし、占相祭祀をこととするのは偽の宗教であり、深い人間の苦を問題とし、あらゆる繋縛から解放していくものが真の宗教である。三宝に帰依し、繋縛から解放されたものにとって、神祇あるいは、神祇的行為は要しない。「帰依せざれ」である。自らの外道性、神祇性を厳しく批判することにおいて、はじめて、真実

信心が獲得され、神祇にとらわれない世界に達するのである。ここに、われわれは、偽を真に転ぜしめる願海の広さ、つまり、自らを滅ぼす神祇が逆に、如来の願心により自らを真実に帰せしめる否定媒介となっていく広大さを感ずるのである。それが、偽であってもなおかつ、仏弟子の名を持つゆえんであろう。

ところで、親鸞の仏弟子釈の中に直接、「偽の仏弟子」の言は見当たらない。しかし、

「真仏弟子と言うは「真」の言は偽に対し、仮に対するなり。[20]」

とは、人の判釈[21]であり、偽の仏弟子、仮の仏弟子に対して、真の仏弟子を明らかにしようとする親鸞の意図がうかがえる。したがって、ここはほとんどの先学が領解してきたごとく、「偽の仏弟子」「仮の仏弟子」という意で、「偽」「仮」ということばが使われていると考えたい。

ところで、「偽」といえども願海の中にあるとのことを、今、私の内面に問うて考えてみたい。「偽」とは、六十二見九十五種の邪道であり、それは、天を拝し、鬼神を祠り、吉日良辰を選ぶもの、いわゆる神祇である。それは、明らかに帰依三宝を忘れ、迷えるわれわれの姿である。われわれは、神祇に祈ることが真剣であればあるほど、それとは逆に、その成就しがたきことと、我欲にしばられ、ますます醜い姿に陥っている自己を思い知らされてくる。

すなわち、占相祭祀が招福の術であるということは、神祇が、自らの我欲の投影であり、迷妄の投影であることを何よりも物語っている。したがって、神祇の神祇性が、われわれの内面の神祇性を気づかしめていくのである。

されば、要するに神祇に頼ることは、それが真剣であればあるほど、かえって、神祇自力行の不成就を導き、われわれをして、その功徳を積むことのできない限界を知らしめ、自己の醜い現実を赤裸々に自覚させるよりほかにない。かくて、われわれは、ここから、神祇を祈る自力心をひるがえして「帰依三宝」の世界に廻入せざるをえな

いのである。ここに神祇を不拝して、三宝に帰するという宗教の主体的な選びが体験せられてくるのである。このことは、神祇によって神祇を否定せんとする論理である。つまり、神祇が不成就の道であるがゆえに、逆に神祇が神祇そのものを否定せざるをえない。念仏は、「すえとおりたる道」であるがゆえに、そのことが、われわれを念仏に帰せしめずにはおかないという論理である。

神祇の信仰も、それが無底の人間我執の上に成り立っている以上、やがては、自ら破滅せざるをえない。われわれが、神々の習合を常態とした日常に忠実である限り、やがて、それは神祇の根底としての人間我執の全面否定へと、われわれを導かずにはおかない。すでに神祇は、本来的矛盾の上に成立しており、そのことが、「偽」の仏弟子に死んで、「真の仏弟子」に蘇生する契機としての意味を本来的に内在させていたのである。

神祇は、「偽」であり、それが真実ではないということにおいて、真実の世界からは、峻別され、厳しく否定されるべきものである。したがって、われわれはどこまでも、神祇不拝の態度でのぞむべきである。

しかし、如来の願心から見た時は、これまた方便として、つまり、否定契機としてのはたらきを持ちつづけている。すなわち如来の悲願を根底としており、真実世界への通路となるのである。それゆえ、真実信心の人をして、「念仏を信じたる身にて、天地の神をすてまふさんとおもふこと、ゆめ〳〵なきことなり。」といわしむるのである。これが「不捨」の立場である。それは、あくまで真実信心の人の不拝の内景としての言であり、如来よりたまわる利益である。

したがって、その世界は、仏教に帰依してもなおかつ、内面を襲い、寸分の隙をついて忍び寄ってくる神祇性、外教性に対して、厳しい批判の刃を向け、「無碍の一道」に立った時、初めて知らしめられてくる世界である。現世の禍福にとらわれない世界、つまり、天魔波旬におかされず、悪鬼悪神になやまされない信心の世界に生きるものに、現生の益として与えられるものである。

（四）

以上、親鸞における神祇に対する「不拝」と「不捨」の立場を見てきた。そして、「不捨」「護念」という立場について、「方便」と真偽批判を手がかりに一つの試解を企てた。このことによって、先の戸頃氏の妥協説を否定した先学の説にいささかなりとも説得力を持たせたつもりである。

さらにこの問題をとおして学びうることは、限りなく、神祇性つまり偽の仏弟子相への批判を自己の内面に展開してゆくことにおいて、それを唯一の否定契機（方便）として、真の仏弟子道が成立するということである。同時に、一切が、一如に帰せしめんとする大悲の願海に包まれていることを知らされるのである。

註

（1）『定親全』一―三二七。
（2）『論語』「先進篇」。一般には「未能事」となっているが、今は『教行信証』に合わせて「不能事」とした。
（3）『定親全』一―三八〇。
（4）『定親全』二、和讃篇―一一〇参照。
（5）『定親全』二、和讃篇―二一一。
（6）同前。
（7）『定親全』二、和讃篇―六三。
（8）『定親全』二、和讃篇―六六。

（9）『定親全』三、書簡篇―一三四。
（10）戸頃重基『鎌倉仏教』（中公新書）一四六～一四七。
（11）多くの先学が述べるところである。たとえば柏原祐泉（『大谷学報』五六―一「真宗における神祇観の変遷」）、浅井成海（『真宗学』六二号「法然における神祇の問題」）など。
（12）寺倉襄『真宗教学の実践的研究』一五二。
（13）山本仏骨『現世利益和讃の味わい方と扱い方』三三二。
（14）『定親全』三、書簡篇―一三四。
（15）『定親全』三、和文篇―一三四。
（16）『定親全』三、和文篇―九八。
（17）『定親全』三、和文篇―一四一。
（18）『定親全』一―一五三。
（19）『定親全』三、和讃篇―二一一。
（20）『定親全』一、教行信証―一四四。
（21）山辺習学、赤沼智善『教行信証講義』「教行巻」八二七頁。

Ⅲ

一、親鸞における否定的側面と方便

――『歎異抄』を発端として――

はじめに

「否定」ということばの持つ概念、あるいは意味合いは、微妙複雑で多岐にわたり、扱いにくくてたいへんむずかしい問題である。それだけに洋の東西を問わず、多くの先学が種々の論議を展開してきた。その中で、特に「否定」というとヘーゲル哲学を挙げることができようが、今ここでいう「否定」とは、いわゆる親鸞が自らを主体的に確立した時に見られたところの、他者もしくは自己の中に見られる「真実」との「差異性」「対立」をこえて、「真実」に自己自身を帰入せしめ、自己自身を往生せしめたことを意味するものである。したがって、西洋哲学でいうところのそれとは多少概念を異にすることを断っておきたい。

さて、親鸞においては、上述の「差異性」「対立」の具体的なものとして、「知性」と、知性を持ちうる者のみがなせる「定散諸善」とを挙げることができる。

「定散」とは、

「定は即ち慮を息めて以って心を凝らす。散は即ち悪を廃して善を修す。(1)」

と、善導が『観経疏』(「玄義分」)に示すごとく、知性ある賢き者のみがなせる行である。

ところが、現実には、今日、人間知性によるところの驚くべき科学文明をもたらした合理精神の過信が、ともすれば宗教的信仰を不合理なものとして、否定さえしかねない。特に浄土教信仰が、そのような知性の批判に答えられない愚鈍の宗教であるとさえ見られかねないのである。

知性、もしくはそれに基づく賢き者の「定散行」を、如来真実と「異なるもの」として見た親鸞の見方を考察してみたい。

（一）

さて、親鸞における「定散行」の否定を最も平易に見るために、『歎異抄』を見てみたい。そこには、非常に多くの否定的側面を持った表現がある。

(1)「本願を信ぜんには他の善も要にあらず……。」（第一条）

(2)「念仏よりほかに往生のみちをも存知し、また法文等をもしりたるらんと、こころにくくおぼしめしておわしましてはんべらんはおおきなるあやまりなり。もししからば、南都北嶺にもゆゆしき学生たちおおく座せられてそうろうなれば……。」（第二条）

(3)「善人なおもて往生をとぐ、いわんや悪人をや。」（第三条）

(4)「聖道の慈悲というは、ものをあわれみかなしみ、はぐくむなり。しかれども、おもうがごとくたすけとぐること、きわめてありがたし。」（第四条）

(5)「親鸞は父母の孝養のためとて、一返にても念仏もうしたること、いまだそうらわず……。」（第五条）

(6)「念仏を回向して父母をもたすけそうらわめ。ただ自力をすてて……。」(同)
(7)「師をそむきて、ひとにつれて念仏すれば、往生すべからざるものなりなんどいうこと不可説なり。」(第六条)
(8)「如来よりたまわりたる信心」(同)
(9)「天神地祇も敬伏し、魔界外道も障碍することなし……諸善もおよぶことなきゆえに。」(第七条)
(10)「念仏は行者のために非行非善なり。」(第八条)
(11)「念仏には無義をもって義とす。」(第十条)
(12)「すこしもみずからのはからいまじわらざるがゆえに、本願に相応して実報土に往生するなり」(第十一条)
(13)「そのほか、なにの学問かは往生の要なるべきや。」(第十二条)
(14)「学問をむねとするは聖道門なり、難行となづく。」(同)
(15)「持戒持律にてのみ本願を信ずべくは、われらいかでか生死をはなるべきや。」(第十三条)
(16)「ひとえに賢善精進の相をほかにしめして、うちには虚仮をいだけるものか。」(同)
(17)「滅罪の利益なり。いまだわれらが信ずるところにおよばず。」(第十四条)
(18)「即身成仏……六根清浄……これみな難行上根のつとめ、観念成就のさとりなり、来生の開覚は他力浄土の宗旨、信心決定の道なるがゆえなり。……おおよそ今生においては、煩悩悪障を断ぜんこときわめてありがたきあいだ……。」(第十五条)
(19)「断悪修善のここちか」(第十六条)
(20)「辺地の往生をとぐるひと、ついには地獄におつべしということ。この条いずれの証文にみえそうろうぞや。」(第十七条)

(21)「施入物の多少にしたがいて、大小仏になるべしということ。この条、不可説なり、不可説なり。」（第十八条）

(22)「如来よりたまわりたる信心（信心同一）」（後序）

(23)「煩悩具足の凡夫、火宅無常の世界は、よろずのこと、みなもって、そらごとたわごとまことあることなきに、ただ念仏のみぞまことにておわします。[2]」（後序）

このように『歎異抄』は、そのすべてが否定的表現で綴られているといっても過言ではない。そして、そこで否定されている世界とは、定散二善の世界である。しかも、その中で最も具体的に示されているのが三福である。三福とは、

「当に三福を修すべし。一つには父母に孝養し、師長に奉事し、慈心ありて殺せず。十善業を修す。二つには、三帰を受持し、衆戒を具足し、威儀を犯せず。三つには菩提心を発し、深く因果を信じ、大乗を読誦し、行者を勧進す。[3]」

と『観無量寿経』に説かれるごとく、散善の内容とするところである。

親鸞はこのような立場を「化巻」で、

「しかるに二善三福は報土の真因にあらず。[4]」

と、あるいは、また、

「定散三福三輩九品自力仮門なり。[5]」（「同」）

「定没の凡愚定心修しがたし、息慮凝心のゆえに。散心行じがたし、廃悪修善のゆえに。[6]」

と否定する。

もとより、定散行というのは、世間一般、つまり、道徳的価値に従うならば、すべて「善」と認められる立場で

ある。

しかし、それはその事を道として実践していくことが、逆に、われわれをして、その否定へと導くこととなる。つまり、われわれは、上述の諸問題を徳目としてかかげ、向上心をおこし真剣に努力すればするほど、それのできない自己が逆に見えてくるのである。

たとえば、上に引用したごとく、あらゆる善根を積んで、すべてが納得した善人になることができるであろうか。また、ものをあわれみ、かなしみ、はぐくみ、思うがごとくたすけとぐることができるであろうか。あるいは、父母孝養のために念仏を回向して、それらをたすけとぐることができるだろうか。われわれは、それらの徳目を忠実に実践しようとすればするほど、逆に〝及び難い自己〟を発見せざるを得ない。

そのことは、定散行そのものがわれわれ自身にとって成就し難く、及び難き道であることを知らしめると同時に、「いずれの行も及びがたき」無力さを自覚させずにはおかない。われわれが、定散二善の徳目の修道にあくまで固執する限り、それは、自我の崩壊をもたらし、自己自身の無力さ、穢悪汚染の姿、あるいは偽善的な姿を暴露する以外の何物でもない。自己の限界性と出離の縁あることなしという悲歎あるのみである。このようにして、人間がこの体験上の限界状況に立って、知性と、定散を考える時、それを否定した『歎異抄』の表現に、頷かざるを得ない。それは、親鸞の体験をとおして、初めてわれわれの知りうるところである。

ところで、この定散行を説く意図は、何処にあるのであろうか。ただ、われわれに自力で以って実践を迫るだけであろうか。否、実は、これによって、人間的「我」の限界を示し、すべての自らの「力」の無効を信知させ、ここから弘願他力の救いに目覚めさせようとするところにある。すなわち、それは、自力に「命終」して、他力の「即生」を知らせようとするものである。されば、『歎異抄』における一一の否定は、他力弘願真実への入口としての意味を持つものである。その意味で『歎異抄』の所説、すなわち、その否定性は、「定」にも「散」にもいずれの行も及びがたき自己自身の凡夫性とその「無明」を知らしめ、ここから新たに他力に生かされていく契機として、身証していくことを意味しているのである。したがって、このような『歎異抄』における知性と定散否定の立場は、道徳的価値にそむくどころか、最もわれわれを救いうるところの唯一の通路である。

以上、親鸞における否定的側面を特に『歎異抄』に見て検討してきたが、それが親鸞の実践的身証においてなされたものであることは上述のとおりである。

しかし、そのことは、すでに善導の『観経疏』における『観無量寿経』の理解と軌を一にする見解である。現にそれは親鸞自身、『教行信証』「化巻」において、善導、法然の廃立釈と呼ばれる立場を根拠として、論を進めていることからすれば自明である。

すなわち、親鸞における否定の論理は、その源を、善導、法然の廃立釈に見ることができる。されば、この基本的原理を究明すべく、善導の『観無量寿経』理解をたずねてみたい。

（二）

『観経』は、一見、ドラマとも思える王舎城の悲劇に始まる。そしてその悲劇の主人公とも言える苦悩の韋提希夫人の致請に応じて耆闍崛山より釈尊が現れ、定善十三観と散善三観とを説き、再び耆闍崛山へ還って行かれたことを記すのみである。

しかし、この経典をめぐって、実に多くの釈家が輩出し、数多の論議が操り広げられた。だが、それは、おおむね次の二つの領解にまとめることができる。(7) 一つは、浄影寺慧遠（五二三～五九二）、天台大師智顗（五三八～五九七）、嘉祥寺吉蔵（五四九～六二三）らの領解、である。今一つは、善導の領解である。

前者の立場によれば、『観経』とは定散二善をその中心テーマとし、このうち、定善観仏の行法こそ最勝とする。したがって、この経では、まず第一にその定善観仏の行法が、最勝の機に説かれ、続いて、第二次的に散善・三福九品の行法が次の機類に説かれる。そして最後に、最下の機類に、最下の行法として、称名念仏が付随して説かれる。したがって『観無量寿経』は、浄土往生を説く経典ではあるが、定善行を最高とし、散心の称名念仏を最下の行法とするものと領解されているのである。

しかし、これは人間的理性や知性を認めるもので、それを成就できうる者は、「特定の勝れた能力を持つ者」として高く評価された。だが、このような道は、あくまで理想論であり、道としては高次であるかもしれないが、現実の人間の苦悩からはるか隔たった観念論であることは言うまでもない。

一方、後者は、このような諸師の『観無量寿経』理解に対し、実践的立場よりの経を領解したもので、当然それは、前者の領解と対立するものであった。だが、後世の人々は、それを「古今楷定の妙釈」と呼んだのである。

すなわち、善導によれば、

㈠、まずこの経典の対象が、

「汝はこれ凡夫なり、心想羸劣《るいれつ》にして、(8)」

と言われる凡夫であること。

㈡、そして、流通分に至って、

「汝好くこの語を持《たも》て、この語を持《たも》てというはすなわちこれ無量寿仏の名《みな》を持《たも》てとなり。(9)」

との一文があること。

に注意がいく。つまり、(二)では、この経の大半を費して説かれてきたところの定散二善が、全面的に否定され、ただ、念仏のみがこの経の中心意図として付属されていると領解されるのである。もっともそれは、(一)におけるところの、この経の対象が心想羸劣の凡夫であるという視座に立って読んだ時、初めて気づけるものである。

ところで、この善導の根本的立場は、

「弘願と言ふは大経に説くが如し。[10]」(「玄義分」)

と言われるごとく、『大経』に置かれている。つまり、『大経』をとおしてこの経を見ているのであり、それゆえ、

「上来、定散両門の益を説くと雖も、仏の本願の意を望まむには、衆生をして一向に専ら弥陀仏名を称せしむるにあり。[11]」(「散善義」)

と、定散を否定し、称名念仏をこの経の結論と見るのである。それは表現のままに、定散二善をこの経典の中心意図として見た諸師の立場とは全く逆である。

「一切善悪の凡夫、生ずることを得る者は皆阿弥陀仏の大願業力に乗じて増上縁と為さざることなし。[12]」(「玄義分」)

「念々に捨てざる者を、是を正定之業と名づく。彼の仏の願に順ずるが故に。[13]」(「散善義」)

と、『無量寿経』に説かれる本願にその立場を置いた善導なればこそ、この経を『無量寿経』と同じく凡夫往生の浄土の経典として、領解できたのである。

したがって、この意味において、前の王舎城の悲劇が大きな意味を持ってくる。つまり、「聖」として、あるいは「権化の人」としての韋提希ではなく、「韋提即是女人相　貪瞋具足凡夫位」(「序分義」)としての韋提希夫人

が、どろどろとしたありのままの人間現実の中で、本願によって救われていくのである。もし、ここでこの経が、最勝の行として、定散二善を付属するのであるならば、凡夫である韋提希夫人は永遠にその苦悩から解放されることはなかったであろう。すでに幾多の先学が言われるごとく、浄土の教法は、これを領受すべく機受の立場を顧みて、これと機教相応することによってのみ、初めて真実義が開顕されるのである。

ところで、善導において、経に定散が説かれることと、それを否定し、念仏一行を付属すると領解することは、矛盾するものではない。すなわち、『選択集』（「三輩章」）に、法然が、

「凡そ、かくのごときの三義、不同ありと雖も、共に是一向念仏の為の所以なり。初の義は即ちこれ廃立の為に而も説く。謂く諸行は廃の為に而も説く、念仏は立の為に而も説く。次の義は即ち是助正の為に而も説く。謂く念仏の正業を助けんが為に而も諸行の助業を説く。後の義は即ち是傍正の為に而も説く。謂く念仏と諸行との二門を説くと雖も、念仏を以って而も正と為し、諸行を以って而も傍と為す。故に三輩に通じて皆念仏と云ふ也。但し、此等の三義、殿最知り難し。請ふ諸の学者、取捨心に在るべし。今若し善導に依らば初を以って正と為すのみ。[14]」

と言い、続いて、

「『観経』之意、初には広く定散の行を説きて、普く衆機に逗ず、後には定散の二善を廃して念仏の一行に帰せしむ。所謂「汝好持是語」等の文これなり。[15]」

と言う。ここでは三輩、九品、定散を同ぜしめ、善導に依っていわゆる「廃立釈」を提示するのである。ここで言う「諸行は廃の為に説く」とは、諸行によって諸行を否定せんとする論理である。つまり、諸行そのものが下根凡夫のわれわれにとって修しがたく、逆に下根凡夫なるがゆえにそれを否定せざるを得ない。念仏は下根凡夫なるが

ゆえに立てざるを得ないという論理である。しかも、所廃の定散諸行は、弘願真実の行法としての念仏を反顕するための素材であり、下根の凡夫が弘願真実に生かされていく重要な契機となっていくと領解されるのである。つまり、この経に定散が説かれているからこそ、逆に念仏が立てられるのである。

以上、われわれは、善導の『観無量寿経』理解をとおして、定散を廃して、念仏を立てる原理を見てきた。そしてそれを親鸞における否定の論理の源泉として位置づけたわけであるが、では親鸞はそれをどのように展開したのであろうか。

（三）

さて、親鸞は上の善導の領解に対し、「行巻」（「正信偈」）で、

「善導独り仏の正意を明かす。(16)」

と讃辞を贈り、『高僧和讃』の中では、

「釈迦は要門ひらきつつ
　定散諸機をこしらえて
　正雑二行方便し
　ひとえに専修をすすめしむ(17)」

と、方便引入としての得益を述べる。また、『浄土和讃』の「観経意」のところでは、

「大聖おのおのもろともに

凡愚底下のつみびとを
逆悪もらさぬ誓願に
方便引入せしめけり(18)」

と、これまた方便引入の得益を述べる。つまり、所廃の定散に対し、方便としての価置を明確に見出しているのである。

それについて、今、特に「化巻」に述べられる「隠顕釈」と呼ばれる『観無量寿経』理解の立場に注目してみたい。

「問う『大本』の三心と『観経』の三心と一異いかんぞや。答う。釈家の意に依って『無量寿仏観経』を案ずれば、顕彰隠密の義あり。顕というは、即ち定散諸善を顕し、三輩・三心を開く。しかるに二善・三福は報土の真因にあらず。諸機の三心は自利各別にして利他の一心にあらず。如来の異の方便、欣慕浄土の善根なり。これはこの経の意なり。すなわちこれ顕の義なり。彰というは如来の弘願を彰し、利他通入の一心を演暢《えんちょう》す。達多・闍世の悪逆に縁って、釈迦微笑の素懐を彰す。韋提別選の正意に因って、弥陀大悲の本願を開闡す。これ乃ちこの経の隠彰の義なり。……「汝是凡夫心想羸劣」と言えり、すなわち、これ悪人往生の機たることを彰すなり。「諸仏如来有異方便」と言えり。即ちこれ定散諸善は方便の教たることを顕すなり。「以仏力故見彼国土」と言えり、これすなわち他力の意を顕すなり(19)。」

つまり、これは『観無量寿経』を「顕」の立場と「彰隠密」(隠)との両面に解釈するものである。つまり、「顕」の立場とは『観無量寿経』をその説相によって表現のままに領解し、第十九・修諸功徳の願意により、定散二善を説いて、これを修すれば、おのおの益を得るとするものである。「彰隠密」の立場とは、流通分の所説により、この経の裏に第十八・念仏往生の願意、つまり、利他通入の一心が密かに彰されているとの立場である。では、親鸞は何故にこのような特殊な領解法を試みたのであろう。『教行信証』の研究に最も深い洞察をした住田智見師の所説を以って考えてみたい。

「其の隠顕ある所以は廃立の正意を会得せしむるに在り。廃立は仏の説意につく語なり（選択の三輩章観経付属章）、再説せば自力の機を誘引するために釈尊は隠顕ある説をなしたまふと雖も、一時も早く弥陀選択の本願を如実に信受奉行せしめんとするに在るを以って、暗示を有するが隠彰と云ふこと故、密意となるなり。[20]」

上に一瞥した善導・法然の廃立釈が、画期的な『観無量寿経』理解によるものであり、正しく、親鸞がそれを承けて、隠顕釈を立てて『観無量寿経』を領解したとするならば、そこに、われわれは、廃立釈を誤りなく会得させようとする親鸞の祖意を感ずることができる。すなわち、ここに領解されるとおり、この隠顕釈は、廃立の正意をわれわれに会得させるために説かれたものである。同時に、この『観無量寿経』の意図が、正しく自力の機を方便誘引することにあることが、より明瞭にされたのである。

しかれば、われわれは今、この隠顕釈の意義を見るにあたり、次の二点を確認してみたい。

第一は、これが「顕」から「隠」への転換的構造を持つこと。つまり、隠顕釈に上述のごとき所以を見るならば、廃立釈において「廃」は「立」のために説かれ、所廃から所立へと導かれたごとく、当然、ここでも「顕」から「隠」への転換的構造がなければならない。このような視点で隠顕釈を見ると、「顕」説に説かれる自力定散二善の立場については明確に「報土の真因に非ず」と否定される。しかし、それは単に廃捨され、所廃のものとして見られるのではなく、「如来の異の方便」として、必然的に「隠」の立場に転換されていく構造を持っている。言いかえれば、「顕」から「隠」へ、「要」から「弘」へ、自力から他力へ、定散から念仏へ、賢から愚へという従仮入真の構造がその中核となっているのである。

それゆえ、『教行信証』では、それに続いて三願転入と呼ばれる従仮入真についての詳細な解釈が述べられるのである。三願転入とは、

「ここをもって、愚禿釈の鸞、論主の解義を仰ぎ、宗師の勧化に依って、久しく万行・諸善の仮門を出でて、永く双樹林下の往生を離る、善本・徳本の真門に回入して、ひとえに難思往生の心を発しき。しかるに、今特《まこと》に方便の真門を出でて、選択の願海に転入せり、速やかに難思往生の心を離れて、難思議往生を遂げんと欲《おも》う。果遂《かすい》の誓良《まこと》に由あるかな。ここに久しく願海に入りて、深く仏恩を知れり。[21]」

と示されるごとく、親鸞自身の内面における信仰体験の告白である。それは、自らの理性と知性に全面的信頼を置く、定散自利各別の機が善本・徳本としての念仏に出遇い、さらにはその真実の法（念仏）に照らされつつも、自らの抜き難き定散心、つまり、功利と打算の執心から抜けきれないわれわれ——すなわち、本願の嘉号を以って、己が善根と為す故に信を生ずること能はざるわれわれ——をして、そのまま所修の行、すなわち、弘願真実に帰せしめ、そのことによって信心を純化せしめるという「信」の批判を意図するものである。

したがって、先学によれば、それは三々の法門とか、真仮分判の名によって、次のように示される。

〔要門〕（仮）—第十九願—観経—邪定聚之機—双樹林下往生
〔真門〕（仮）—第二十願—小経—不定聚之機—難思往生
〔弘願〕（真）—第十八願—大経—正定聚之機—難思議往生

正しく、それは、従仮入真の構造を示すものであり、定散の中に沈淪していた親鸞が、善導・法然の廃立為正の立場を手がかりに、選択本願の世界にたどりついた苦闘の跡を示すものである。

かくて、小論のテーマとして、今、特に問題としている第十九願要門の定散的世界にせよ、また、第二十願真門的世界にせよ、いずれも親鸞においては明確に、真実に非ざる「仮」として否定されるが、それにとどまらず、それを「如来の異の方便」として、あるいは「欣慕浄土の善根」として、それ自体に新たな価置を付与するのである。つまり、所廃として否定せられた「定散」——理性・知性——そのものを、廻心の契機となるところの「否定媒介」として再認したのである。

第二に、この隠顕釈が、特に『大』・『観』両経の三心一異の問答から起こされている点を考えれば、信心の純・不純の批判に力点が置かれている。したがって、ここでは、特に定散諸善というより、さらに鋭く、それを起こそうとして、忍び寄ってくる「定散心」そのものを問題としているのである。

つまり、定散心の本質として『観無量寿経』に説かれる「至誠心」「深心」「廻向発願心」についても「諸機の三心は自利各別にして利他の一心にあらず」として、それを否定し、そして次にはそれ自体を、「如来の異の方便、欣慕浄土の善根」と見るのである。したがって、「隠」の立場から、それは、『大経』の三心に同ぜしめられ、「異」から「一」と領解されていくのである。つまり、仏に対し、自らの積んだ功徳と引き換えに、功利と打算によって仏に頼ろうとする心までも、「利他通入の一心」に非ずとして退けているのであるが、それまで衆生の範疇（カテゴリー）として見られていた三心を、明らかに如来の側の範疇として見ることによって、『大無量寿経』に説かれる三心と「同一」に領解するのである。

したがって、そこには、雑心を持つわれわれが、雑心なるがゆえに如来の真実心——称名念仏——によって、雑心に気づかしめられ、真実に廻入していくという「雑」から「専」、「不純」から「純」という信の批判をも意図しているのである。そして、その「雑」や「不純」もまた、方便誘引的世界のものである。

かくて、『観無量寿経』に説かれるところの定散、あるいはそれを行じようとする定散心は不真実の世界であるが、その背景、あるいは根源には弘願真実があるのである。つまり、定散は真実に非ざる「仮」として鋭く否定されるが、

「すでにもって真仮みなこれ大悲願海に酬報せり。」[22]（「真仏土巻」）

といわれるように、「隠」の世界にある真実にすべて裏付けられているのである。

したがって、賢き者の理性や知性に基づく定散は、転換的構造を持つ隠顕釈によって、特に弘願への通路として、肯定面が積極的に強調されてくるのである。さらに、進んでそれは、単に非真実として否定されるのではなく、真実への転入における否定媒介としての意義を持ってくるのである。しかも、それをもっと積極的に進めるために、その対象を行のみならず、そのことを起こさせうるわれわれの信の世界にまで及んで解明したのが、この隠顕釈である。

むすび

以上、親鸞における否定的側面を、まず『歎異抄』の表現の中に見、その源泉を『観無量寿経』と、その独創的理解である善導・法然の廃立釈に求めた。そして、そこから展開される親鸞の隠顕釈の中に、その原理を確認してきた。

結局、真実との「差異性」「対立」と見られる理性と知性をその内容とする定散は、その実践的行法のみならず、信にまで及んで鋭く否定されるが、そこから逆に、積極的に「如来の異の方便」として、つまり「否定的媒介」と

して「欣慕浄土の善根」といわれるのである。定散は、本来、それ自体が否定的存在なるがゆえに、肯定への必然的通路として、逆に積極的に肯定されてくるのである。

つまり、理性とそれに向かわしめようとする知性は、本来、それが成就しがたき道であるがゆえに、逆に弘願真実への通入の門として、積極的に肯定されてくるのである。

したがって、定散の行信は、もともと真実の世界から彰れて、真実に導き、真実に帰っていくものである。「唯仏是真」と言われるように「念仏」のみぞまことであり、「よろずのこと、みなもってそらごと、たわごとまことあることなし」(『歎異抄』後序)である。しかるに、一切は弘願真実から出て、一切を弘願真実に導くものである。実に、『歎異抄』における一一の否定的表現は、われわれの人間的我性を弘願に照らした表現であり、われわれの行為自体が「そらごとたわごと」である限り、それは否定せられ、ただ崩壊あるのみである。しかし、逆にそれだけが弘願真実に入る唯一の道である。

われわれの理性、あるいは知性―人間的我性―は、それが「無明」なるがゆえに、逆に真実に帰するもの―「方便」―としての意義を持ちうるのである。

付

親鸞における定散の否定から弘願に入る歴程を考察するに、それを、時間的、段階的に見る説があるが、筆者はそのようには考えない。人は定散(仮)から弘願(真)に廻入するといえども、時間的あるいは、段階的に隔てて入るものではなく、常に雑から専、不純から純、仮から真、漸から頓という信心浄化の作用として、臨終の一念に至るまで限りなく、続けるのである。なぜなら、われわれの雑心は臨終の一念に至るまで限りなく生じ、とどまることを知らないがゆえである。したがって、生ある限り、つまり、愚身の悲歎がある限り、常に定散自力の心に根ざした根源的な矛盾を持つ。それゆえ「果遂の誓」が良《まこと》に由あるものとして仰がれてくるのである。したがって、それは弘願転入という獲信一念の今に対して、単に一過性的な、過ぎ行く経験にとどまるものではなく、生ある限り、つまり、自身に悲歎せざるをえない根本的矛盾を持つ限り、現在の我が身において、不断に果遂せられるのである。

すなわち、人はひとたび如来の大悲心によって、弘願真実に帰したといえども、やはり、また常に生ずる執拗な自力の執心によって疑蓋を雑え、そこから知ると知らずと自力に堕す存在である。その時、人は常に新たな思いに立ち、現に今、救われたいとの思いで、ただ厳しく我が身の不真実を悲痛し、慚愧の念をもって、称名念仏するより外に道はない。その念仏こそ真実なるがゆえに、自然に真如の門に転入し、この上ない歓喜の心を得るのである。定散心尽き難きがゆえに、常に新たな思いでこれを繰り返し、常にまた、弘願真実に帰せられるのである。信心の相続も、慚愧・慶喜、すなわち間断持続あいまって相続されていくものである。[23]

註

(1)『定親全』九、加点篇（三）―六。
(2)『定親全』四、言行編（一）―三〜四二。
(3)『真聖全』一―五一。
(4)『定親全』一―二七六。
(5)『定親全』一―二九〇。

(6)『定親全』一―二八九。
(7)『観経』の領解については、恩師、藤原幸章(「観経理解の立場」『大谷大学研究年報』六)の指導、学恩に負うところが大きい。
(8)『真聖全』一―五一。
(9)『真聖全』一―六六。
(10)『定親全』九、加点篇(三)―七。
(11)『定親全』九、加点篇(三)―二一六。
(12)『定親全』九、加点篇(三)―七。
(13)『定親全』九、加点篇(三)―一七九。
(14)『真聖全』一―九五〇。
(15)『真聖全』一―九五一。
(16)『定親全』一―九〇。
(17)『定親全』二、和讃篇―一〇九。
(18)『定親全』二、和讃篇―四九。
(19)『定親全』一―二七六。
(20)住田智見『教行信証之研究』二四五頁。
(21)『定親全』一―三〇九。
(22)『定親全』一―二六六。
(23)本書所収の「真門における「行」「信」の意義」参照。

二、慈悲の「かわりめ」考

――『歎異抄』第四条試解――

はじめに

妙音院了祥の『歎異抄聞記』によれば、『歎異抄』の著者は河和田の唯円であり、前半は師訓篇と呼ばれ、親鸞の語録とされる。この説が広く認められており、今日、定説となっている。したがって、筆者も今その前提に立って論を進めたい。

ところで、『歎異抄』を一つの古典として文法に従って文面どおりに読むことは、もちろん学的研究においては、大切なことである。しかし、たとえば、曽我量深が『歎異抄聴記』において、『歎異抄』の構造を二種深信とみて、「歎異」を正統が異端を歎くのではなく、真実に異なる自己を歎くと解釈した、いわゆる「歎異精神」が、『歎異抄』を宗教書、信仰書として輝かせたことは周知のとおりである。したがって、『歎異抄』を解釈するにあたっては宗教書、信仰書としての視点から領解することも大切である。本論では、『歎異抄』第四条を信仰的立場から、従来とは異なった視点で、その領解を試みてみたい。

さて、本抄第一条から第十条までは、親鸞の直接のことばであり、後半の異義との対応を考えると、異義を糺す目安となるものであり、「大切の証文」であるとの説[1]も尤もである。

そのうち、第四条は「慈悲」をテーマとしており、道綽の聖浄二門の教判に立った「慈悲」の解釈を示すものである。本文の「慈悲に聖道・浄土のかはりめあり」は、聖道・浄土二門における慈悲の「違い目」と解釈され、「聖道の慈悲」を廃して「浄土の慈悲」を立てる、廃立の立場で受け止められてきた。したがって、浄土真宗の立場からすれば、「聖道の慈悲」は、廃せられるもの、否定されるものとして受け止められた。具体的には、ややもすると真宗の教えは、「わが身一人」の救いであり、他者に関わることは「聖道の慈悲」であり、真宗の救いの観点からは、意味のないものといわれてきた。筆者たちの実践してきたビハーラ活動やボランティア事業に対しても、そのような批判を受けたこともあった。しかし、それらが果たして「意味のないこと」であろうか。すなわち、「かわりめ」に新たな解釈をすることで、「聖道の慈悲」に新たな意味を見出したい。また、そこに真宗救済のプロセスとしての「回心」の有り様を見出してみたい。

（一）『歎異抄』第四条

まず、『歎異抄』第四条の本文を確認したい。

「一　慈悲に聖道・浄土のかはりめあり。聖道の慈悲といふは、ものをあはれみ、かなしみ、はぐくむなり。しかれども、おもふがごとくたすけとぐること、きはめてありがたし。浄土の慈悲といふは、念仏していそぎ仏になりて、大慈大悲心をもて、おもふがごとく衆生を利益するをいふべきなり。今生に、いかにいとをし不便とおもふとも、存知のごとくたすけがたければ、この慈悲始終なし。しかれば念仏まふすのみぞ、すえとをりたる大慈悲心にてさふらうべきと云々。[2]」

本条は慈悲を課題としており、道綽の『安楽集』そして、それによる法然の『選択集』「教相章」に示される聖浄二門判にたって、それを分判する。聖道とは、自力による此土得証の道であり、浄土とは、安養浄刹にして入聖証果の道、つまり本願力により、浄土に生まれて仏となる道である。

また、慈悲とは、抜苦与楽であり、『智度論』巻第二七には、

「大慈とは一切衆生に楽を与え、大悲とは一切衆生の苦を抜く。(3)」

とある。

また、『論註』には次のように記され、それが『教行信証』「証巻」に引用されている。

「二つには慈悲門に依れり。一切衆生の苦を抜いて、無安度衆生心を遠離せるがゆえに、とのたまえり。苦を抜くを慈と曰う。楽を与うるを悲と曰う。慈に依るがゆえに一切衆生の苦を抜く。悲に依るがゆえに無安度衆生心を遠離せり。(4)」

という。「慈」と「悲」の解釈が異なっているが、今は主題を外れるので別のところで課題としたい。いずれにしろ、慈悲とは、抜苦与楽である。

『観経』には、

「仏心というは大慈悲これなり。無縁の慈をもってもろもろの衆生を摂す。(5)」

とある。いずれも、仏の慈悲が述べられているが、大乗仏教においては、もともとは、釈尊のもつ四無量心、つまり、慈・悲・喜・捨の無量心が出発点と思われる。『涅槃経』『智度論』などでは、衆生縁を小慈悲、法縁を中慈悲、無縁を大慈悲などと示され、仏道に生きる者へ賜わる縁を仏の慈悲と見ている。

一方、仏陀の前生における菩薩行を説く経論で、主として布施・忍辱の行を示し、これを比類なき慈悲心に基づ

くものと説かれている。天台では、布施が慈悲行とされ、弘経三軌の随一とされている。

今、本条では、「聖道の慈悲」とは、衆生が善根功徳を積む行であり、あわれみ、慈しみの心をもって他へ施す、他を援助するという、いわゆる施しによる救済と解釈される。いわゆる人間と人間の互いの慈悲行であり、それは、仏に成るための無上の善根功徳であるとされた。受け取る側からすれば、自分以外の他からの援助によってその苦悩を超えていこうとする立場である。

一方、「浄土の慈悲」とは、仏の大慈大悲心であり、本願との出遇いにより、浄土往生して仏に成る救済である。

(二) 慈悲に聖道・浄土のかはりめ

さて、本条には、聖浄の慈悲について「かはりめあり」と記される。これについて、従来の解釈は、まず、香月院深励の『歎異抄講林記』では、

「聖道門の慈悲と浄土門の慈悲のかはりありと標し挙げし辞なり(6)」

と、「かわり」つまり、違いと示される。

また、妙音院了祥の『歎異抄聞記』には、

「聖浄二門慈悲のかはると云ふ祖語を挙げて示すに依て慈悲差別章と云ふ。(7)」

とあり、「差別」、つまり違いと示される。

次いで、現代の著名な『歎異抄』の解釈書の所説を挙げれば、以下のとおりである。

「慈悲に自力の慈悲と他力の慈悲との違ひめがあります。(8)」

「第二項　二種の慈悲　慈悲に聖道・浄土のかわりめあり、というは、つまり慈悲に自分の小慈悲を人に与えんとする慈悲と、自分は慈悲心のなき者と自覚して、大慈悲の力を獲得して、その大慈悲心の力を世に施さんとするのと、二通りありということを標示して、慈悲に聖道・浄土のかわりめありというたものである。(9)」

「慈悲に聖道門と浄土門との違いがある。(10)」

いずれも、「かはりめ」は、二通りの慈悲の「差別」「違い」「違い目」と解釈されている。つまり、「聖道の慈悲」に対し、「浄土の慈悲」の違いをそれぞれ述べ、その上で、「聖道の慈悲」は、「おもふがごとくたすけとぐること、きはめてありがたし」。だから、念仏して、いそぎ仏になりて、大慈大悲心をもって、おもふがごとく衆生を利益する「浄土の慈悲」によるよりほかない。だから、「念仏まふすのみぞ、すえとをりたる大慈悲心」であるという理解である。

つまり、ここでは「聖道の慈悲」を廃して、「浄土の慈悲」を立てるという廃立の立場である。この立場に立つ限り、「聖道の慈悲」は否定され、「浄土の慈悲」の慈悲のみ肯定される。しかし、「聖道の慈悲」とて仏説である。仏説を否定すれば、謗法の罪をおかすことになることは言うまでもない。このような立場に立てば、聖道の側、あるいは、今日ではヒューマニズムの立場からの批判は当然である。つまり、真宗はボランティアを否定し、実践的でないという批判である。

かつて、廃立が二者択一の論理と受け止められ、承元の弾圧に至った吉水教団への批判を彷彿とさせるものである。

しかし、本来、廃立とはこのような人間による二者択一の論理ではない。わが身を凡夫として深く自覚する上で、その絶望の淵から「仏の本願を望」み、本願を信受する立場であり、本願を根拠とした仏の「選択」であり、廃するものを単に否定するのではなく、本願に目覚める方便として受け止められるものである。

（三）「かはりめ」とは「変わる（時）点」

上述の解釈に対し、廣瀬杲述『歎異抄講話』には、

「私は「かわりめ」というのは、相違ということではなくて、それこそ「変りめ」です。「変りめ」の「め」というのは、つぎめとか、うつりめの「め」だと思います。[11]」

と述べている。これまでとは違った視点の注目すべき解釈である。所載の『歎異抄講話』が口述筆記であり、師の意図が充分示されておらず、また故人となられ、これ以上の展開が望めないのが大変残念である。

筆者はこの解釈をさらに展開して、古典ではなく、宗教書としての『歎異抄』理解に新たな一石を投じてみたい。

本来、「変り目」とは、『広辞苑』によれば、「①物事のうつりかわる時。季節の――。②けじめ、ちがいめ。[12]」とある。

筆者は、今の場合は、①の意味によって、「かはりめ」とは「変わる時（時点）」、つまり、「時」と解釈しても差し支えない。むしろそう解釈したほうが、教義的に親鸞の立場によく合致する。一般に「潮の変り目」とか「季節の変り目」といわれる意味である。したがって、ここでは、聖道（自力）の慈悲から浄土（他力）の慈悲への変り目、つまり、聖道の慈悲の限界を知って浄土（他力）の慈悲に目覚めた時点となる。されば、「かわりめ」とは「ひとたびの回心」、あるいは「回心の時点」を意味するものと解釈できる。

『歎異抄』には、両者の間に「しかれども、おもふがごとくたすけとぐること、きはめてありがたし」という慈悲の限界、あるいは、「いずれの行も及びがたき身」における自力無効を吐露するともとれることばがある。その自覚に立って、他力救済の浄土の慈悲が感得されてきたとも解釈できる。まさにここは、他力の「浄土の慈悲」の感得の瞬間、あるいは、聖道の慈悲から他力の慈悲に帰入していくプロセスを示したことばと受け止められる。それは、あたかも自力の立場から他力の立場に転入していく、親鸞の信仰の告白である。

ちなみに、これが要弘相対であることは、『歎異抄』が法然の立場に直結していることからすれば、当然である。親鸞の立場に立てば、聖道とは、排他的に廃立の論理で単に否定されるものではない。聖道はどこまでも、弘願他力の念仏に帰していく方便であり、聖道の限界を信知して他力に帰していくものである。自力を方便として他力に転入するのである。

次に、「聖道の慈悲」を方便として「浄土の慈悲」に目覚めるという立場を裏づける親鸞の立場をいくつか示し、その論拠としたい。

(四)　方便としての「聖道の慈悲」

まず、『観経』所説の三福に「慈心不殺」とあるが、親鸞はこれをどう見ているのであろうか。

『歎異抄』は「釈尊の説教」「善導の御釈」「法然のおおせ」の教系、つまり、『観経』に基づくことは周知のごとくである。とりわけ、『観経』所説の三福、つまり、

「一者孝養父母、奉事師長、慈心不殺、修十善業。二者受持三帰、具足衆戒、不犯威儀。三者発菩提心、深信

因果、読誦大乗、勧進行者。[13]」

が、及びがたい行であることの親鸞の告白が『歎異抄』の師訓篇各条の所説であり、後半の異義篇もそれに基づいているとみることができる。親鸞の立場は「化巻」に、

「然に二善三福は報土の真因にあらず。[14]」

とか、

「横出・漸教・定散・三福・三輩・九品、自力仮門なり。[15]」

と示されるように、定散二善を「自力仮門」として、つまり、方便として念仏に帰するのである。当然、三福の中の「慈心不殺」も念仏に帰する方便として見ている。「慈心」とは慈悲心であり、ここでは聖道の慈悲心を意味することは言うまでもない。

次いで、教相判釈の立場から考えてみたい。上にも述べたが、親鸞は、『愚禿鈔』上巻で道綽の聖浄二門判、さらには龍樹の難易二道判、曇鸞の自力他力判、善導の頓漸二教判などに基づいて、いわゆる二双四重の教判を立てる。その示し方は、まず相対的に竪超、横超、竪出、横出の立場を示し、次いで、絶対判として、

「唯阿弥陀如来選択本願を除きて已外、大小・権実・顕密の諸教、みなこれ難行道・聖道門なり。又、易行道・浄土門の教、これを浄土回向発願自力方便の仮門というなり。知るべし。[16]」

と述べる。

『教行信証』「化巻」では、

「凡そ一代の教について此の界の中にして入聖得果するを聖道門と名づく。難行道と云へり。この門の中について、大小・漸頓・一乗・二乗・三乗・権実・顕密・竪出・竪超あり。すなわちこれ自力、利他教化地、方便

権門の道路なり。[17]」

と述べる。

この意味するところは、阿弥陀如来の選択本願以外は、聖道諸教は難行であり、浄土回向発願もすべて自力の仮門であるということである。したがって、凡夫の私には、ただ阿弥陀如来選択本願しかなく、他はすべてそこへ帰せしめる方便仮門というのである。まさに、蓮如が『御文』で言うがごとく、

「一切の聖教といふも、ただ南無阿弥陀仏の六字を信ぜしめんがためなりといふこころなりとおもふべきものなり。[18]」（五―九）

という意味である。もちろん、聖道から浄土へ帰するという立場である。

次に、親鸞の菩提心理解の立場から考察してみたい。親鸞は「信巻」で菩提心を、二種の菩提心について述べる。それは、多分に明恵の『選択集』批判を意識してのことと思われる。

まず、「信巻」の本文を確認する。

「しかるに菩提心について二種あり。一つには竪、二つには横なり。また竪について、また二種あり。一つには竪超、二つには竪出なり。「竪超」・「竪出」は権実・顕密・大小の教に明かせり。歴劫迂回の菩提心、自力の金剛心、菩薩の大心なり。また横について、また二種あり。一つには横超、二つには横出なり。「横出」は、正雑・定散・他力の中の自力の菩提心なり。「横超」は、これすなわち願力回向の信楽、これを「願作仏心」と曰う。願作仏心は、すなわちこれ横の大菩提心なり。これを「横超の金剛心」と名づくるなり。横竪の菩提心、その言一つにしてその心異なりといえども、入真を正要とす、真心を根本とす、邪雑を錯とす、疑情を失とするなり。[19]」

このように菩提心の分判は、『愚禿鈔』下巻でもなされている。今は「信巻」によって論を進めたい。

菩提心とは、金剛堅固な道心であり、仏道修行の根幹である。これを親鸞は、行についての二双四重の教判に倣い、菩提心（信）についても二双四重の教判を用いて分判している。ここでは、まず、竪について、竪超・竪出の二種を挙げ、それを自力の金剛心、菩薩の大心とする。次いで、横について横超・横出を挙げ、そのうち横出を「正雑・定散・他力の中の自力の菩提心なり」と自力の菩提心とする。つまり、竪超・竪出・横出を自力（竪）の菩提心とし、横超のみを他力（横）の大菩提心とする。そして、「横竪の菩提心、その言一つにしてその心異なりといえども、入真を正要とす」と述べる。「入真」とは、従化入真（『六要鈔』）であり、方便から真実に入ることである。つまり、竪の菩提心から横の菩提心に入ることを意味している。そして、その入真が正要であり、真心を根本とすと示されている。このことは、正しく菩提心の「かわりめ」であり、回心そのものを教示しているのである。

結局、聖道から浄土、自力から他力というのは、親鸞においては、方便から真実への転入であり、「化巻」に詳述される『観経』理解そのものである。

「定散二善を回して弘願他力に帰す」と言われるように、定散自力の顕説の立場から弘願他力を説く隠説の立場への回入こそが、凡夫救済の方途であり、実業の凡夫たる韋提希夫人の救いも、そのことによって成就していったのである。廃立を具体化したものが隠顕の理解と考えられるが、それは、廃立が二者択一の精鋭な論理であるがゆえに、本願によることを見失うと誤解される危うさがあった。二者択一ではなく、方便から真実へという論理が親鸞の論理であり、「化巻」撰述の意図でもある。

その意味で、本条において、慈悲が、聖道・浄土と分判されていることは、聖道の慈悲を方便として浄土の慈悲に回入すると解釈することは、親鸞の教えの根本に沿うものであり、何ら矛盾しない。むしろ、そういう解釈が今までなされてこなかったことが不思議に思われる。そのことからすれば、「変り目」とは「回心」の時点を指すと考えられる。

（五）　慈悲と満足

ところで慈悲による救済として、『歎異抄』には「聖道の慈悲」と「浄土の慈悲」の二つの立場が示される。前者は、自分以外の他からの援助によって、苦を抜き楽を得ようとする立場である。この場合は、同時にあわれみ、慈しみの心をもって他へ施す、他を援助するということが要求される。いわゆる、「施し」による救済である。いわゆる人間と人間の互いの慈悲行である。そして、それは仏に成るための無上の善根功徳とされたのである。

後者は、主体的自覚による救済である。その苦であると認識している価値観を、真理との出遇いによって転じて、不如意なる事実を事実のままに受容していこうとする立場である。この場合は、真理によって自己の虚妄と我執を破り、本願によって自らの価値観が転換することによって、苦を苦と認識しない立場に立っていこうとするものである。いわゆる「如来」による仏の慈悲である。

そして、ここでは、「しかれども、おもふがごとくたすけとぐること、きはめてありがたし」と、人間が人間に対する「施し」、つまり「聖道の慈悲」の救いの限界性が指摘されている。すなわち、われわれが「施し」を受けて、満足できるであろうか。あくなき欲望と我執により、永遠に苦から解放されることはない。

本来、仏の救いとは、「能令速満足」「一切能満足」と言われるように、衆生を能く満足させることである。

「聖道の慈悲」を求める限り、欲望のものさしにとらわれて「空過」である。本願に遇い、それに触れるとわが身の我執がくだかれて、「むなしくすぐるひとぞなき」である。この救いこそが「浄土の慈悲」である。

その救いこそが、『浄土論』に言われる、

「観仏本願力　遇無空過者　能令速満足　功徳大宝海[20]」

であり、それについて、『論註』には、

「自体に満足せる[21]」

と釈され、さらにそれを親鸞は『尊号真像銘文』に、

「信ずる人のその み（身）に満足せしむる也。[22]」

と領解する。そして、『高僧和讃』では、

「本願力にあひぬれば
　むなしくすぐるひとぞなき
　功徳の宝海みちみちて
　煩悩の濁水へだてなし[23]」

と讃ずる。このことによってのみ、凡夫のわれわれが、抜苦与楽の救いを得るのである。

むすび

聖道の慈悲とは、どこまでも人間の慈悲であり、人間の悲しみである。どうにかしてあげたいという人間の「祈

り」のような要求が、どうすることもできない非情な現実に直面したとき、私たちは立ちすくみ、絶望せざるを得ない。

親鸞は『愚禿悲歎述懐』に、

「是非しらず邪正もわかぬ
　このみなり
　小慈小悲もなけれども
　名利に人師をこのむなり[24]」

「小慈小悲もなき身にて
　有情利益はおもふまじ
　如来の願船いまさずば
　苦海をいかでかわたるべき[25]」

と悲歎する。

また、慈悲を受ける側にしても、底知れぬ欲望のために、空しく過ぎて、施物に対する渇望の連鎖に陥る。その歎異の中にこそ「慈悲のかわりめ」がある。聖道の慈悲としてのわれわれの思いによる必死の救済の希望が尽きたところに、本当に純粋な「祈り」があらわれてくるということであろう。それは、人間の慈悲が移り変わるのではなく、大いなるもの、つまり本願との出遇いそのものである。

他者を悲しみ慈しむ人間の心があればこそ、及ばぬ力でどうすることもできない身の事実を自覚したとき、その悲しみは、共業の自覚から自己の内面に向かっていく、その中で、私に先立って悲しみ続けてきた「おおいなる悲しみ」（大悲）に触れる。それが、「慈悲のかわりめ」という一念の「時」を持つのである。
「聖道の慈悲」という体験、つまり、身を通して自力の限界を知った者のみ、そのことをとおして「浄土の慈悲」、私に先立って悲しみ続けてきた「おおいなる悲しみ」（大悲）に触れることができる。そのことによって、自然法爾の境地に至ったとき絶対の満足を得、功徳の宝海を実感するのである。「浄土の慈悲」は「聖道の慈悲」を通さないと頷けない立場である。聖道の慈悲を方便として浄土の慈悲に回入するときが、まさに「慈悲のかわりめ」である。

註

（1）宮地廓慧「大切の証文について」『中外日報』昭和四十五年九月二十九日より七回連載。
（2）『定親全』四、言行篇（一）一八。
（3）『智度論』第二十七巻（『大正大蔵経』二五―二五六b）。
（4）『論註』「証巻」引用（『定親全』一―二一六）。
（5）『真聖全』一―五七。
（6）『真宗大系』二四―五八。
（7）『続真宗大系』二一―一五。
（8）多屋頼俊『歎異抄新註』六頁（一九三九年、法藏館）。
（9）暁烏敏『歎異抄講話』一三八頁（一九八一年、講談社）。
（10）佐藤正英『歎異抄論註』五九〇頁（一九八九年、青土社）。
（11）廣瀬杲述『歎異抄講話』一―二三四頁（一九九四年、法藏館）。
（12）『広辞苑』（五六五頁）。『日本国語大辞典』（小学館、二一―一一〇三）には、①変わっているところ。違い。けじめ。さまざまに異なっているところがあること。②交替する時。入れ替わる時。取り替える時、またそのもの。③

物事の遷り変わる時。季節の移り変わる時期。とある。

(13)『真聖全』一—五一。
(14)『定親全』一—二七六。
(15)『定親全』一—二九〇。
(16)『定親全』二、漢文篇—五七。
(17)『定親全』一—二八九。
(18)『真聖全』三—五〇六。
(19)『定親全』一—一三三。
(20)『真聖全』一—二七〇。
(21)『真聖全』一—二八八。
(22)『定親全』三、和文篇—八九。
(23)『定親全』二、和讃篇—八二。
(24)『定親全』二、和讃篇—二三四。
(25)『定親全』二、和讃篇—二二〇。

なお、本論文は平成二十六年の真宗連合学会で発表したものであるが、当日の発表後、国文学を専門とする沼波政保氏（同朋大学名誉教授）より、国文学の立場からも、「かわりめ」を「変わる時」と解釈するのが、国文学的にも妥当であるとのご指摘をいただいた。

三、『観無量寿経』所説の三福と『歎異抄』について

はじめに

『歎異抄』の思想的背景が、『仏説観無量寿経』、あるいは善導の『観経疏』であることは、第二条の、

「弥陀の本願まことにおはしまさば、釈尊の説教虚言なるべからず、仏説まことにおはしまさば、善導の御釈虚言したまふべからず。善導の御釈まことならば、法然のおほせそらごとならんや。法然のおほせまことならば、親鸞がまふすむね、またもてむなしかるべからずさふらうか。(1)」

という相承が示すとおりである。

また、その具体的指摘として、曽我量深の「歎異精神」としての二種深信理解がある。(2)

しかし、今一つ別の立場、つまり、『観無量寿経』所説の三福からも、そのことが指摘できる。『歎異抄』の各条々の一一の表現を見ると、『歎異抄』全体が直接的には、親鸞自身の三福の理解とも受け止められる。もちろん、二種深信をベースとするが……。

ところで、近角常観の『歎異抄愚註(3)』で、第五条と三福の関係について一言されている。しかし、今は『歎異抄』全体を三福と対照し、善導、親鸞両者のその理解の一致する点と、親鸞の展開を考察してみたい。

（一）「三福」とは

『観経』序分の散善顕行縁に、

「かの国に生まれんと欲はん者は、当に三福を修すべし。一つには、父母に孝養し、師長に奉事し、慈心にして殺せず、十善業を修す。二つには三帰を受持し、衆戒を具足し、威儀を犯せず。三つには、菩提心を発し、深く因果を信じ、大乗を読誦し、行者を勧進す。かくのごときの三事をなづけて浄業と為す。(4)」

と説かれる。このうち、一は世福、二は戒福、三は行福とされ、それらは、後半の散善、九品段にも、上品上生から下品下生までに、散りばめられている。それは、当面、散善の行者が修すべき廃悪修善の徳目であり、臨終に聖衆が来迎するために積まねばならない善根功徳の徳目である。したがって、三福は散善三観の内容であり、散善三福と一具に見られている。もっとも、それは、「息慮凝心」という定善十三観のできない凡夫が、補助的に行う行法とされていた。

しかし、凡夫の往生を掲げる法然は、『観経』下品段に「具足十念称南无阿弥陀仏」とあることから、念仏を下品下生の凡夫の救われる道と位置づけた。しかし、それは、あくまで、自力の信による臨終来迎を祈る称名念仏行であった。

もとより、善導は、『観経疏』「散善義」で、定散二善を方便と見ており、流通分で「仏告阿難如好持是語持是語者是持無量寿仏名」と勧める念仏と下品下生の「具足十念称南无阿弥陀仏」の念仏とは、一線を画している。このことは、後で詳述することとする。

ともあれ、散善の内容として三福が説かれているのである。

(二) 三福と『歎異抄』の表現

さて、『歎異抄』の表現を見るに、明らかに三福によると思われる表現が随所に見られる。今、両者を対照すると次のようになる。

(三福)　　　　(『歎異抄』)

一者(世福)

父母孝養――親鸞は、父母の孝養のためとて、一返にても念仏まふしたることいまださふらはず。(第五条)

奉事師長――専修念仏のともがらの、わが弟子ひとの弟子、といふ相論のさふらうらんこと、もてのほかの子細なり。(第六条)

慈心不殺――聖道の慈悲といふは、ものをあはれみ、かなしみ、はぐゝむなり。しかれども、おもふがごとくたすけとぐること、きはめてありがたし。(第四条)

修十善業――しかれば本願を信ぜんには、他の善も要にあらず。(第一条)

善人なをもて往生をとぐ、いはんや悪人をや。(第三条)

念仏は行者のために非行・非善なり。(第八条)

善悪のふたつ総じてもて存知せざるなり。(後序)

その他、第十三条、第十四条、第十六条

二者（戒福）

受持三帰、具足衆戒、不犯威儀――持戒・自律にてのみ本願を信ずべくば、われらいかでか生死をはなるべきやと。（第十三条）

ひとへに、賢善精進の相をほかにしめして、うちには虚仮をいだけるものか……（同）

断惑修善のこゝちか……（第十六条）

その他、全条にわたる賢善精進否定の立場。

三者（行福）

発菩提心――如来よりたまはりたる信心をわがものがほにとりかへさんとまふすにや。かえすがえすも、あるべからざることなり。（第六条）

源空が信心も如来よりたまはりたる信心なり、善信房の信心も如来よりたまはらせたまひたる信心なり。さればたゞひとつなり。（後序）

念仏を回向して父母をもたすけさふらはめ。たゞ自力をすてゝ……（第五条）

深信因果――聖人のつねのおほせには、弥陀の五劫思惟の願をよくよく案ずれば、ひとへに親鸞一人がためなりけり。さればそれほどの業をもちける身にてありけるを、たすけんとおぼしめしたちける本願のかたじけなさよ。（法の深信取意）……自身はこれ現に罪悪生死の凡夫、曠劫よりこのかた、つねにしずみつねに流転して、出離の縁あることなき身としれ（機の深信）という金言に、すこしもたがはせおはしまさず。（後序）

読誦大乗――ひとへに、往生極楽のみちをとひきかんがためなり。しかるに、念仏よりほかに往生のみちをも存知し、また法文等をもしりたるらんと、こゝろにくゝおぼしめしておはしましてはんべらんは、おほきなるあやまりなり。もししからば、南都・北嶺にもゆゝしき学生たち、おほく座せられてさふらうなれば、かのひとにもあひたてまつりて、往生の要よくよくきかるべきなり。(第二条)

経釈を読み学せざるともがら、往生不定のよしのこと。この条すこぶる不足言の義といひつべし。……そのほか何の学問かは往生の要なるべきや。まことに、このことはりにまよへらんひとは、いかにもいかにも学問して、本願のむねをしるべきなり。経釈をよみ学すといへども、聖教の本位をこゝろえざる条、もっとも不便のことなり。……学問をむねとするは聖道門なり、難行となづく。あやまて学問して、名聞・利養のおもひに住するひと、順次の往生、いかゞあらんずらんといふ証文もさふらうべきや。(第十二条)

勧進行者――このうへは、念仏をとりて信じたてまつらんとも、またすてんとも、面々の御はからひなり。(第二条)(5)

一応、ここでは、直接的な表現による対照を試みたが、文脈からいえば、すべての表現が対応していると言っても過言ではない。

(三) 三福の否定と方便

ところで、この対応は、逆対応であり、『歎異抄』では、三福は否定的に受け止められている。それは、善導の

『観経』理解に基づいているからである。善導は、韋提希を「実業の凡夫」と見、それゆえ、凡夫に修し難い定散三福を方便と理解した。したがって、流通分の「汝好くこの語を持《たも》て、この語を持てといふは、すなわちこれ無量寿仏の名《みな》を持てとなり(6)」と、念仏のみを中心意図とし、念仏が付属されていると読んだのである。

つまり、善導は「弘願と言ふは大経の説のごとし(7)」(「玄義分」)と『大経』に視座をおいてこの経を読み、

「上来、定散両門之益を説くといえども、仏の本願の意を望まんには、衆生をして一向に専ら阿弥陀仏の名を称するにあり(8)。」

と、定散二善を否定し、弘願に基づく称名念仏をこの経の結論としたのである。

このような立場は、法然の『選択集』に「廃立釈」として相承され、親鸞の『教行信証』「化巻」には、「顕彰隠密の義」として展開されている。

そこでは、定散、三福の立場を、

「しかるに、二善三福は報土の真因に非ず(9)。」

「定散三福三輩九品自力化門なり(10)。」

「定没の凡愚定心修しがたし、息慮凝心のゆえに、散心行じがたし、廃悪修善のゆえに(11)、」

と、及びがたき自己を自覚させ、逆に念仏に帰せしめる方便として理解されている。

(四)『歎異抄』における三福の位置

『歎異抄』において、三福をどうとらえているか。前に対照して示したように、否定的である。三福を称名念仏

に帰せしめる方便とする位置づけである。それゆえ、一々に対して逆対応の表現となっているのである。「いずれの行も及びがたき身」（第二条）との自覚のもとに、三福すらもできないという「歎異」である。もっといえば、三福すらできないという親鸞の告白の表現が、『歎異抄』の一一の表現である。その深信のゆえに、「たゞ念仏して、弥陀にたすけられまひらすべしと、よきひとのおほせをかふりて信ずるほかに別の子細なきなり。[12]」と自覚できたのである。

定善はもとより、その補助的行善とされる散善すらも、凡夫である親鸞にとっては及びがたいものであった。三福を否定媒介として、その深い悲嘆と告白が、『歎異抄』全編に流れているといえる。

それはまさしく、善導に導かれた親鸞の三福理解と見ることができる。釈尊（『観経』）の説教、善導の御釈、法然のおおせ、親鸞がもうすむねという教系からすれば、当然の展開と理解と言えるものである。

註

（1）『定親全』四、言行篇（一）—六。
（2）『歎異抄聴記』一九四七年、東本願寺（『曽我量深選集』第六巻）。
（3）近角常観『歎異抄愚註』二九。
（4）『真聖全』一—五一。
（5）以上『歎異抄』は、『定親全』四、言行篇（一）—三〜四二による。
（6）『真聖全』一—六六。
（7）『真聖全』一—四四三。
（8）『真聖全』一—五五八。
（9）『定親全』一—二七六。

(10)『定親全』一―二九〇。
(11)『定親全』一―二八九。
(12)『定親全』四、言行篇（一）―五。

四、『歎異抄』の「右斯聖教者……」の付文と禁書説について

はじめに

蓮如書写本の『歎異抄』には後序の後に「流罪の記録」が記され、その後に「右斯聖教者　為当流大事聖教也於無宿善機　無左右不可許之者也」と付され、「釈蓮如　御判」と署名されている。この付言をめぐって、本願寺は『歎異抄』を禁書にして公開することを憚ったとするいわゆる禁書説が吹聴され、明治の近代教学者によって公開されたといわれ、そのように書かれた『歎異抄』の解説本も多く出版されている。

明治の近代教学者の主体的な理解による信仰書としての『歎異抄』解釈は、各方面に大きな影響を与え、すでに岩波文庫の金子大栄校訂の『歎異抄』は版を重ね百刷を超えている。そのことは事実であるが、江戸期に禁書であったのかどうか、また、なぜ蓮如はこのような付文を添えたのか、解明されねばならない。

これについて筆者は一九八七年、『浄土真宗現代法話大系』第十六巻収載の『歎異抄』の解説(1)において、『同朋学園仏教文化研究所紀要』第五号収載の「歎異抄異本研究(2)」の史料をもとに禁書説を否定した。その後も何人かが、禁書説否定の論考を発表している(3)。ただ、筆者の見解は、内容的には、『歎異抄』写本の書誌、刊本の刊行史、蓮如における「無宿善の理解」、蓮如書写の『末灯鈔』の付文などを根拠に論じたが、法話大系の解説であり、論文

ではなかったために、学術的分野ではあまり、目に留められなかった。したがって、新たに、本願寺の聖教相伝のあり方などの視点を含めて、改めてそのことを論じてみたい。

（一）　禁書説について

さて、『歎異抄』については、時代的に二つの禁書説がある。第一は、蓮如以前の禁書説である。つまり、成立後に禁書にされ、蓮如によって公開されたとするものである。

了祥の説によれば、河和田の唯円が『歎異抄』を著したと思われる。そして、その直後に禁書にされたと考えられている。その理由について、正安三年（一三〇一）に起きた唯善の大谷横領事件に連座して、唯善と近い関係にあった「唯円」の名が教団から抹消されたことによるとされるのである。

唯善の陰謀とは、『存覚一期記』や専修寺蔵の「言上書」によれば、大谷の敷地について、父禅念から唯善宛の譲り状があると称して安堵の院宣を得ようとしたことで、結局、失敗に終わった(4)。唯善と唯円の関係については、『親鸞門弟交名牒』に、唯円の弟子に唯善があり、その唯善について「背亡母覚信寄附旨押妨上人影堂之間自総門弟等中永削当流号了(5)」（妙源寺本）と註記されている。つまり、唯円の門下に大谷横領の張本人である唯善が出たため、その責任を、師事した唯円に連座させているものと考えられる。それゆえ、唯円の名を抹消し、『歎異抄』をも禁書にしたという立場である。そして、その後、蓮如が内容のすばらしさからそれを公開したとするものである。現実には、蓮如本が最も古く、それ以前のものが残らないため、そのことを結論付けることはできない。しかし、今日残っている写本の多くが、蓮如本の系統でもあり、蓮如が再発見し、流布しなければ、今日の我々すら容易に『歎異抄』を目にすることはできなかったであろう。その意味で、蓮如の再発見と再評価は意義深いことである。

次に、蓮如以後の禁書説である。「右斯聖教者　為当流大事聖教也　於無宿善機　無左右不可許之者也」との付言を根拠に、蓮如ないしは、それ以後の本願寺は『歎異抄』を禁書にして公開することを憚ったとする禁書説である。

この点について、以下、二つの立場から見てみたい。まず、江戸末期以前の『歎異抄』の写本・刊本を調べ、実際に禁書になっていたかどうか、次に、文中の「於無宿善機　無左右不可許之者也」の意味するところを確認してみたい。

（二）『歎異抄』の写本・刊本について

江戸末期以前の『歎異抄』の写本・刊本については、織田顕信が一九八〇年から行った調査研究の報告を、一九八三年の『同朋学園仏教文化研究所紀要』第五号に「歎異抄異本研究」として掲載している。この研究は、同研究所のスタッフ総員で東海地方の主要寺院を中心に調査し、新たに発見したものをマイクロフィルムに収め、蓮如本、専精寺本（真宗聖教全書などでは、「天正十三年」の書写とされていたが、「永正十三年」の書写の写しと判明した）、未公開の大谷大学三舟文庫本、それに新たに発見した蓮生寺本の対校をし、解説を加えたものである。筆者も当時、嘱託研究員として研究に協力した。

それによると、写本は以下のとおりである。

①蓮如本（西本願寺蔵）
②端の坊旧蔵　永正十六年本（大谷大学蔵）
③端の坊旧蔵　別本（大谷大学蔵）
④毫摂寺本（兵庫県毫摂寺蔵）
⑤光徳寺本（大阪府光徳寺蔵）
⑥妙琳坊本（大阪市妙琳坊本）
⑦龍谷大学本（龍谷大学蔵）
⑧専精寺旧蔵本（橋氏蔵）

以上、内容がすべて公開されている。

⑨常楽寺本（京都府常楽寺蔵）
⑩上宮寺本（愛知県上宮寺蔵）
⑪真光寺本（和歌山県真光寺蔵）
⑫真光寺別本（和歌山県真光寺蔵）
⑬円照寺本（滋賀県円照寺蔵）
⑭実悟抄出本（西本願寺蔵）
⑮泉福寺本断簡一葉（泉福寺蔵）
⑯恵空本（大谷大学蔵）

以上、『古写・古版真宗聖教現存目録』およびその追加である『古写・古本真宗聖教現存目録』による。

⑰岸部武利蔵本（『真宗史料集成』所収「聖教目録」）
⑱名願寺旧蔵本（龍谷大学　慶安二写　姫野誠二　その他）
⑲竜野文庫本（兵庫県竜野図書館　正徳五写　『国書総目録』）
⑳恵山写本（大谷大学『円光寺文庫目録』）
㉑恵琳校合本（大谷大学『香月院文庫目録』）
㉒香月院文庫本（大谷大学『香月院文庫目録』）
㉓三舟文庫本（大谷大学『三舟文庫貴重図書展観目録』）
㉔播州真光寺本（兵庫県真光寺蔵　多屋頼俊『増補　歎異抄新註』）
㉕日比谷図書館本（昭和四十四年刊『特別買上文庫目録』）

以上、各種目録・文献の紹介による。

㉖蓮生寺本（静岡県蓮生寺蔵　室町末写本）
㉗安福寺本（岐阜県安福寺蔵　延享五年　先啓了雅写本）
㉘光善寺本（大阪府光善寺蔵　延享頃　一玄写本）
㉙福乗寺本（兵庫県福乗寺蔵）『改邪鈔』抜書と同本　矢田了章編『歎異抄影印集成』による。(6)

以上、同朋学園仏教文化研究所調査にて新発見。

次に、刊本として、

①『歎異抄私記』上・中・下　円智　寛文二〜五年刊
②『歎異抄』一冊　元禄四年刊

③『首書　歎異抄』上・下　玄貞　　元禄十四年刊
④『歎異抄』（『真宗法要』所収）　西本願寺　明和二年刊
⑤『歎異抄』（『真宗仮名聖教』所収）　東本願寺　明和二年刊

が上げられる。このほか学寮等の講義録として、今日でもその研究の必読書とされる香月院深励の『歎異抄講林記』、妙音院了祥の『歎異抄聞記』『歎異抄耳喰』などがあり、東本願寺の高倉学寮をはじめ地方学場の講義録が数多く残る。東本願寺系に多いのは、『歎異抄』の位置づけが両派で異なったためと思われる。

このように、江戸末期までにこれほど多くの写本・刊本・講義録が残されているものは、他の著作についてあまり例を見ない。もし、本書が禁書とされ、本願寺の奥深くに仕舞い込まれたとするのは、全くの誤りである。

（三）「無宿善の機」について

されば、「於無宿善機　無左右不可許之者也」をどう理解すればよいのであろうか。

まず、蓮如自身の解釈を尋ねてみたい。『御文』（三―十二）には、

「夫当流の他力信心のひとゝほりをすゝめんとおもはんには、まづ、宿善・無宿善の機を沙汰すべし。されば、いかにむかしより当門徒にその名をかけたるひとなりとも、無宿善の機は、信心をとりがたし。まことに宿善開発の機はをのづから信を決定すべし。されば、無宿善の機のまへにをひては、正雑二行の沙汰をするときは、かへりて誹謗のもとひとなるべきなり。この宿善・無宿善の道理を分別せずして、手びろに世間のひとをもはゞからず勧化をいたすこと、もてのほかの当流のおきてにあひそむけり。されば『大経』に云、「若人無

善本、不得聞此経」といひ、「若聞此経、信楽受持、難中之難、無過斯難」ともいへり。また、善導は「過去已曾修習此法、今得重聞、則生歓喜」とも釈せり。いづれの経釈によるとも、すでに宿善にかぎれりとみえたり。しかれば、宿善の機をまもりて、当流の法をばあたふべしときこえたり。このをもむきをくはしく存知して、ひとをば勧化すべし。(7)」

と述べる。また、『第八祖御物語空善聞書』には、

「聖教をわたくしにいづれをも、かくべきやうにおもへり。機をまもりてゆるすことなり。(中略)聖教をおしむは、よくひろめんがため也。(8)」

さらに、文安四年(一四四七)蓮如上人書写本『末燈鈔』の巻末には自筆で、

「可秘可秘而已(9)」

と書かれている。

上の『御文』では、「無宿善」とは、『大経』によっては「無善本」を意味し、善導によっては「過去にすでに此の法を修習す」ることを意味している。つまり、仏に成るための善き本(根本になるもの、心根、種)あるいは、過去に仏法を修習した者との意味になる。すなわち、「宿善の機」とは、過去に仏法を学んだ者、あるいは仏法を学ぶ、あるいは信心獲得の心根を持っている者という意味になる。

ところで、これに先立って覚如の『口伝鈔』には、

「雖然於此書者守機可許之。無左右不可令披閲者也。非宿善開発之器者、痴鈍之輩定翻誹謗之唇歟。(10)」

とある。蓮如はこれに倣ったとも考えられる。いずれにしろ、「仏法を学ぶ、あるいは信心獲得の心根を持っていない者」「宿善開発の器に非ざる者」には、みだりがまし見せるべきではない。機を守って見せるべきであるとの

意である。決して秘事にしたわけでもなく、秘本にしたわけでもない。逆から言えば、「仏法を学ぶ、あるいは信心獲得の心根を持って」、あるいは、「宿善開発の器」となって見るべきであるとの心得を示したともいえる。さもなくば、誹謗正法の大罪を犯すことになるからである。

（四）相伝における「機を守りて許す」とは

一方、このことは付属・相伝ということからすれば当然であり、その伝統が守られているといってもよい。思えば、法然の『選択集』は六人の高弟にのみ付属（相伝）されたものであり、その末尾には、

「庶幾はくば、一たび高覧を経て之後、壁底に埋みて、窓の前に遺すこと莫れ。恐らくは破法之人をして悪道に墜せしめざらんがため也。[11]」

と書かれている。すなわち、「破法之人をして悪道に墜せしめざらんがため也」に、機を守って付属（相伝）していると考えられる。『教行信証』とて同様であり、本来、親鸞から相伝されたものである。それゆえ、板東本には、性信、蓮位、明性などの名が袖に書かれているのであろう。しかし、この相伝や口伝の儀式は公開されており、秘密を保つものではない。また、権威をもたせるためのものでもない。

しかし、一方では、ちょうど『選択集』が法然滅後、直ちに開板されたように、正応四年（一二九一）、親鸞滅後三十年で、いわゆる『教行信証』正応板が開板されている。その後も、江戸時代に寛永十三年（一六三六）、正保三年（一六四六）、明暦三年（一六五七）以前、寛文九年（一六六九）、同十三年（一六七三）などに刊行、重版されている。[12]このころは、相伝とこのような流布が並行しており、相伝だからといって秘本にされたわけではなく、

相伝によって正しい理解が保たれたのである。相伝とは、決して秘伝ではなく、読み方の伝授であり、社会への公開を妨げるものではなかった。住田智見の「『教行信証』拝読及び研究の沿革」には、

「宗祖聖人御在世中は、御真本の書写を許され、其れを以って宗義伝持の心印とせられたように見ゆる。寛元五年二月、弟子尊蓮が御親筆本を拝写したること、寛永本、正保本の「信巻」本の奥に見えてある。（中略）また同じく「信巻」の奥には、覚如上人の高弟乗専が尊蓮書写の本を転写し、更に松影助阿の本を以って校合したことも記してある。然るに覚師四十二歳越前へ御下りの節、大町の如道が御本書の伝授を願い出たるに、特に存覚師に命じて授けられたることが『存覚一期記』中巻「応長元年五月の条」に見えたり。思うにこの伝授は、書を授けるのと読み方を教ゆるのと両方を兼ねたものと見て好かろう。(13)」

とあり、聖人御在世中は、御真本の書写を許されれば、其れを以て宗義伝持の心印とされたこと、また『存覚一期記』中「応長元年五月の条」に、覚如の高弟乗専が尊蓮書写の本を転写し、さらに松影助阿の本を以って校合したと記してある。そして覚如が存覚に命じて大町如導に伝授したこと、さらに、その伝授が、書を授けるのと、読み方を教えるのと両方を兼ねたものであると記されている。「また、この伝授の作法、或いは拝読の便宜のためとて、御延書本が出来たのであろう」（同書）と記す。また、伝授が「宗祖当時からであったらしいこと」、「他流他派などの誹謗を招くようなことや、種々の意義を生じたる所より、その伝授の機を見て授くることとなってその作法らしきことも出来たのであろう」（同書）とも記す。さらに、鷲尾教導の『伝授私考』に掲載される「御本書伝授式」を紹介している。(14)これによって西本願寺第十二世准如、第十三世良如の時代の伝授作法が知られる。

また、大谷派にあっては、丹山順芸による『教行信証伝授記録』一巻（大谷大学図書館蔵）がある。本書は天文五年（一五六四）三月に記したもので、本宗寺乗燈より、慈敬寺乗賢への伝授の記録である。それには、

「器を遠慮する大事
聖言　随器開導授与経法文師釋因人重法故矣大祖聖人已来嫡子庶子、男女を不論、伝授は器を守るを肝要とす。人の生前に差異ありて、或は深智、博覧の機質あり、或は鈍根浅識の生得あるへし、所詮た丶敬信教行証の器 宿善の機なり を感察して其人にあらされは、授与口伝なきこと代々分明なり、必す其家を執し想惑して恩愛の一旦に着し、不器の手前へ、卆忽に伝授せは、却て軽慢を生し、果して誹謗毀破の基たるへき条勿論あり、仮令また全く其機たりとも、年序三十已上には不過古実なり、深く思慮を積て、其器を用心底を待て相伝せよ云々。」[15]

とあり、そして、「教行信証伝授の法式」として十三か条に及ぶ次第、心得が記されている。ここでは、相伝のためには、「伝授は器を守るを肝要とす」と言うとともに、器を遠慮することも大事であるとする。

また、「『教行信証』拝読及び研究の沿革」によると、徳成寮司の筆記で香月院が講説の中で貞享三年丙申に一如上人のとき、本山御堂の北の飛檐の間で在京の御堂衆が聴聞する中で、広文類の訓読がなされたとの記録が残っているという。

したがって、『教行信証』においても、機を守って相伝していたからといって、秘本にされていたわけではなく、公開されていた。それゆえ、多くの写本があり、幾種もの刊本が、刊行されたのである。

「器（機）を守りて法を許す」とは、蓮如が言うように、どこまでも、無宿善の輩の曲解、すなわち、破法の人が曲解して、誹法の罪を犯したり、驕慢になることをおそれてのことである。それゆえ読み方を指南するために、機を守って伝授されたのである。逆に言えば、宿善篤き心、つまり仏法を学ぶ心根をもって学べという学ぶ側のあり方を言っているのである。

むすび

以上、『歎異抄』巻末の蓮如の付文と禁書説について考察してきた。「於無宿善機　無左右不可許之者也」を禁書の根拠とすることは、全くの誤認と言わざるをえない。謗法、驕慢をさけて聖教を正しく伝えるには、機を守って相伝を許すことは、当然である。だが、そのために『歎異抄』においても『教行信証』においても禁書になっていたわけではない。数多くの写本や刊本が出され、しかも、『教行信証』の相伝の儀式が公開されていたことからしても決して秘とされていたわけではなく、逆に進んで公開されていたと言っても過言ではない。

『歎異抄』の付文は、宿善篤き心、つまり仏法を学ぶ心根を以って学べという学ぶ側のあり方、読み方を示したものである。『歎異抄』には、一見誤解されやすい表現が多々ある。読み方を知らなければ、間違いを犯すことは必然であり、真意が理解できない。そのためにも、読み方の指南が必要だったのである。蓮如以降の『歎異抄』の読み方の指南が、今日のわれわれに『歎異抄』の真意をわからせてくれる。そして、そのあとが今日の読者の『歎異抄』理解を導いてくれていることは、誰しもうなづくところである。この伝統の上に、今なお『歎異抄』が多くの人によって読み継がれているのである。

註

（1）『浄土真宗現代法話大系』第十六巻、四三六頁（一九八七年、同朋舎）。

（2）共同研究「歎異抄異本研究」（代表者織田顕信）（『同朋学園仏教文化研究所紀要』第五号、一九八三年、同研究所）。筆者もこの研究に参画。

（3）林智康『蓮如教学の研究』（一九九八年、永田文昌堂）一四〇頁、金信昌樹「蓮如奥書「右斯聖教者為当流大事聖教也　於無宿善機　無左右不可許之者也」について」（矢田了章、林智康編『歎異抄の教学史的研究』二〇〇七年、龍谷大学仏教文化研究所）九〇頁など。そのほか西田真因などもこの説に立つ。

（4）細川行信『大谷祖廟史』（一九六三年、東本願寺出版部）六三頁参照。細川氏の詳細な論考があり、今はその説に従うこととする。

（5）細川行信『真宗教学史の研究一　歎異抄・唯信鈔』（一九八一年、法藏館）二八頁参照。

（6）矢田了章編『歎異抄影印集成』（二〇一四年、同刊行会）。

（7）『真聖全』三四―七一。

（8）『真宗史料集成』二―四二一。

（9）『末灯鈔』大谷大学図書館蔵蓮如書写本の巻末にこの記載がある。

（10）『定親全』四、言行篇（一）―一二三。

（11）『真聖全』一―九九三。

（12）小山正文「教行信証の諸本」（田代俊孝編『親鸞聖人と教行信証の世界』所収）三七頁参照。

（13）住田智見「『教行信証』拝読及び研究の沿革」（『真宗大系』三七―二七二）。

（14）『真宗大系』三七―二七五。

（15）『真宗大系』三七―二七六。

（16）『真宗大系』三七二―七八。

Ⅳ

One's mind is totally free in the Pure Land

——Learning from the [Meditation Sutra] ——

I have learnt how to transcend the real problem such as [Life] and [birth-and death] in the Jodo Shinshu in the past couple year.

I will tell you the causes why the subject of [LIFE] had become big problems.

For examples:

1. A Problem of Life:

Recently, I see many odd things going on in the medical research. But the medical society is very conservative. And they will not disclose any information toward citizens like us. Sometimes, we see it in the news papers, or hear over the news cast. It was the end of last year when I saw the heading in the news paper as follows; [The second child of triple children after three and half year] Since it is a small picture in which there is a picture of the child who was born right under two children of three and half year. However, they are twins. What device is there? They divide an egg into three, and keep one in the refrigerator, and return two eggs to mother's uterus. Then, twins of one egg will be born. After the three and half years, if she wanted another child, they took out one more egg from the refrigerator, and planted it into mother's uterus, and gave birth of another child. There are a picture of twins --- twins who are three and half years old, and the youngest one born recently. It is a true story which happened in London although it sounds funny.

I have another story which came out in the news paper last year. There was a couple who did not have any children. Somehow, it was something wrong with his wife. Therefore, they have kept husband's sperm in the refrigerator and sent it America. The thing is that later on they found an oriental lady who donated an egg, which was fertilized with his sperm. And they planted it into another lady's womb. After the baby was born, they adopted the baby. Here is a big problem. How many mothers are there for this child? Only one mother? Two mothers? or Three mothers? An answer is three mothers. A lady who presented her egg. A lady who received an egg. And lady who adopted the baby. They are all mothers for this baby. It is truly a fury story.

*[Increasing of missing children], [Selling and buying human organs with $80, 000. 00] this is an article announced in the Sao Paulo News paper of Brazil in 1993, which says "to capture the secret organization to sell such organs". Recently, I went to the Rio De Janeiro University and Maringa University to give special lectures. Then, I found such news. They pick up children who are playing on the road and sell them for selling their organs. There is a secret route for secret net. We hear that they have it not only in the South America, but also, in India and Philippine. We are living in such world. Here is another more shocking story than this.

*[Promotion of tour to get transplant lever organ---One hundred thousand or two hundred thousand dollars (Tokyo---A Company). Such fliers are going on. It is an era that this kind of thing is going on. In America, there is a Bank dealing Eggs and sperms with money.

[Life] is becoming a material. In order to extend one's life, a man will not choose the methods. A man had reached to such point. And I have received a following letter from a lady at that time.

2. Nobleness of Life

She is living in Aichi Prefecture, and is a volunteer at the bone marrow Bank. and is actually a nurse for patients. She says ;

["I am sorry for writing this letter so suddenly. I have read your article in the news paper. I wanted to write a letter to you once since then. At this time, I have a favor to ask you read my letter. I was one of audience to attend your seminar on the euthanasia ---Mercy killing held last April 18. I am so grateful to you that I spent sometimes meaningful day to see you, Sensei and all those people involved in it. You will probably know my name since I submitted my name with my question.

It was my first time to see you as the symposium. But my first encountering is an article with the heading of [mind of offering and organ transplant] in the Mainichi News paper. I have received a strong impact from it. The reason is that I was given an opportunity to take care of one patient who received bone marrow transplanting one year ago. He was confined in the hospital in Nagoya. And he became well and returned to work in the society. I continued to take care of him from beginning until he got well. During past one and half year, I had some questions which I can not resolve by myself and some spiritual struggles. I am healthy one. Under all circumstances, I have certainly cherished an arrogant mind whenever I criticized the patient, the patient who carries on misfortune. Actually, I had a lot of things to tell this patient, but could not say anything except giving my sympathy. Under such situation, according to you, you said as follows ; "if the recipient mind changed, he probably understand the mind of donor." By encountering the word that pains derived from other's life, I felt my entire beclouded dark mind was suddenly cleared. What I wanted to say in my mind toward this patient is told by your words. I felt a kind of relief. Therefore, I would like to tell you for what I have been thinking.

This person received his donation of Marrow fluid out of three thousand people. I found this person through an advertisement which says ; "I want to live. I am looking for a donor." And then, he found a donor. And operation went well. And he returned to work in the society. During that term, I understand his nervousness and anxiety. But more than that, he had nothing but constant grumbling and dissatisfaction. Then, from where did they come? I know that they come from the value criteria of his superiority. I am very sorry to say that he had strong and tenacious elite consciousness which was governing him. He graduated from the best high school and university, and got the best job, and all of which are giving him much sufferings. For an example, when he saw another patient who is suffering from the same sickness, and due to the sickness, his face was swelling up like moon face, then, he said with the hating mind ; "he looks like a ghost". Now, when he saw it, it gave him a sort of inferiority that he would become the same like other patient. And he became so depressed. Now, when he wanted to go back for work with handicap of his sickness, he was so called "blue color". He was concerned with patty and trivial things. If I could say, he is really trivial elite. (At present, he is too busy to cling on the elite consciousness), but for me, it is too much for him to ask for it. He was close to his death, and obtained his life. And yet, I was surprised with what governed and continued to bind him so tenaciously. I just wander if he has been facing his own death, or not. He was probably arrogant. The thing was what if he did not receive any support from others ; he was very misfortune person since he was suffering from the short of white blood cell. But wasn't it possible to find another way to seek something more humanity instead of looking himself as an unlucky person. Although it is someone's thing, but I was very concerned and suffered from it.

Sometimes, I threw a ball to him without hurting him. But he was not concerned with it. For him, he was only concerned with medicine and position of the company. But I thought that this attitude was not connect-

ing with his happiness. There was a high school student in the same ward. He was sophomore when he came in for the first time. Although he passed examinations to enter the University, he was not able to go school even once. Due to the family problem, his parents were not able to visit him often. When I asked him if he were lonesome or not, he was so quiet and said with a smile, "I have friends here. And he accepted his own situation. And this thing was not forgetful for me. One patient said; "he is very pitiful since he does not know even the name of his sickness. This is not permissible. I was so moved since he never loses himself through the hard treatment that he received and the simple way of life in the hospital.

I am sorry for writing this at random. I have taken care of a patient who received the lever transplanting and was very successful. And on the other hand, I really got lost and did not know what to do with this patient on his life. Then, I have read your article. I wish to get your answer and to tell my suffering to you. Therefore, I took this pen. I felt something wrong. I could say the following thing as a volunteer. I was truly serious towards patients. But it was very difficult for us to communicate with them if they have different views of valuation. I also realized how powerless I was to them. I appreciate if you have any comment, or what you feel about it.]

I think that it is good news for those who are looking for transplanting of organs. However, from the standpoint of donor, I feel something grave mistake or something could happen if the patients are thinking only his own salvation, or having his own measurement, valuation and Elite-consciousness.

We can not live on without taking other's life. For example, our meals which we partake every time. I can not live without killing others. Since we can not live on without killing of others, we say "Itadakimasu". Since it is heat-ache to take other's life, we are restrained to take too much other's life, which is useless. Without braking, our life becomes really up-

side down. Everyone will run toward extending one's life only. And if this idea is precedent and validated, our life will be more degenerated. There is a grand hole where we may fall in. For an example, there is rationalism. I have opened a class-room where they lean the consultation of Minds on aging and sickness at Youth Hall of Nagoya Betsuin. They will learn about the teaching of Jodo Shinshu, basic Medicare and method of counseling. After graduation, I ask them to be volunteers to do all counseling at the Youth hall, and to go here and there to visit care homes.

At this counseling monthly meeting, one volunteer presented the following problem. He was sent to the bed-ridden patient. [An old lady whom I visit says; I wish to die. I wish death will welcome me quickly. Now, how should I respond to this lady ?] This is a problem. I think such questions are found all over the places. When I stay home, an old lady comes to the temple to bring the Ofuse---appreciation for the memorial service, and tells my wife some grumbling for a half day. And I listen to her conversation. She said; "I am not useful since I have been bed-ridden. My son recently treats me as unnecessary old woman. My daughter in-law speaks about me as gloomy existence. And today, my grand-children laugh at me. I am not worthy for living. Therefore, I wish Buddha descends to welcome me." I think that you will often hear such grumbling.

Whether we know or not, we will bring our measurement of Rationalism and measure them as dumb since they are not useful any more. And this old lady has such complex and looks herself as being un-useful. And her son and son in-law, and even grand-children look her as being not useful anymore with their own measurement.

However, it is impossible to measure a human being with one measurement. The usefulness and un-usefulness are not everything. There are

more valuations in human beings. If one child gets remark 5, then he is good boy. If one child gets remark 1, then, this boy is bad. However, even if a child whose remark was 1, he may be very kind and nice in his character. Sometimes he may be very smart in art. Therefore, we can not measure the human beings with one measure. Yes, we have a measure to check one's ability. But it is only to measure one's ability. Abacus has many ranks. But it is just to pull out one's ability. And it is not for judging human beings. Children say "I am first grade. I am second grade." It is an expedience for inducing one's ability. It is not absolute. Human beings are never measured by a measure. There are many ways to look at, and much valuation. Ultimately speaking, a man will get aged, sick and eventually will die. He is teaching about it with his body. That old lady is now bed ridden. But she is teaching that her son is also getting old, sick, and will die. She is showing the true reality with her body. It is a great manifestation. Therefore, we should think it in that way. And for her, she does not need to worry about it. She does not need to be indulged either. Japan was looking for only growth in economics, speaking about the useful and un-useful, and if it were not useful, takes it away. This logic was used only to measure the economical growth. It is not logic to adopt for measuring of human beings. How about the person whose brain is dead? If he were not useful, therefore, he is not useful. Then, you abandon that person like a thing, don't you? It is just like an ole car. You will bring one old car, and take all the parts and rebuild one car.

If this thing will advance, it will become superior for life. If he was superior they will keep it. Otherwise, they destroy it. They are talking about inheriting DNA of human beings in the medical science. This is the current problem. If something will go on wrong, it will become the same thing as mentioned as above. That is, only superior species shall remain, and on the other hand, inferior species shall be removed. In other word, the week DNA shall be rejected from this society. This thing is concerned with a choice of one's life. When the organ treatment shall be

done, there will be very few donors for the organ transplant. Then, who will receive it for the first time? Someone will receive the organ transplanting from such famous man. And people like us will receive it. At present, transplanting of organs ordinances are discussed at our Diet. There are a lot of things to be discussed at the diet. In America society of pistols, because they carry pistols, they have very few people who are dead only in their brain. Therefore, they are suffering from the shortage of organs. We also have a shortage of organ donors. More so, a selection of life shall occur. For this problem, what attitude should we take? From the self-centeredness, people wish to extend their lives, or select their organs. Here we have ultimately a convenient measure in which we have much attachment underlying in this problem. Such problems, the problem of good and bad are brought forth. There is such problem underlying in order to maintain the life.

3. Problem of Terminal Care

There is a problem if terminal care in which "life" is questioned. When I visited here lat time, I have talked some stories in relation to terminal care. As you know, more than half % of the people dies from Cancer in Japan. It is a big question for us how to face death. I often receive letters from such people. For an example, I have received a letter from somebody in Nagoya. I would like to introduce it.

[A man becomes amnesic, and ends up his life, doesn't he? I often think that Buddha is partial to individuals. From young time, people suffer from his illness, and die. On the contrary to this, some will have a long life, and will end his life so easily. Buddha is really partial. I do not understand it. Please, teach me.]

The content of the letter was such mentioned as above. Even the name of complicated sickness was written in it. Therefore, Buddha is par-

tial. I understand you are studying Buddhism. Could you kindly give me a response? How about you? How do you think about it? There is partiality and impartiality underlying in ground. And how are they derived? We have different views on our life. For an example, what we are grasping about our life is the [length]. If it is long life, it is good. If it is short, it is useless. If one's life is 90, or 100 years old, it is said "Dai Ojo" (He attained the unsurpassed Nirvana), How about 20 and 30 years old? Then, they say: it is "so pitiful." But I believe it is quiet not so. Even if he lives up to 90 or 100 years old, and expects to live up to 150 years old with organ transplant, and die at his age of 100, then his expectation will end with despair. Even if he would end his life with his young age---20, or 30 years old, he would say; it was wonderful life, or very satisfactory life. Many people die, saying so. Then, we are much indulged in the length of life. Recently, people talk about good, or bad in the way of dying *Smart way of dying, or poor way of dying.* My friend wrote a book "Smart way of dying." I once joked to him if he could die in the smart way, or not drinking of a cup of coffee. In America, we have such a case-art of dying? ---could we say if it were an art of beauty in dying? Or, there is a word of beautifully getting aged. Then, can you beautifully get old? Can you die peacefully? This is our desire that we wish to die suddenly. We do not wish to die in the poor way. However, no matter how much we wish to die suddenly and peacefully, thing may not go as we wish. It is true that we have some patients who are bed ridden, or some taking care of them for a long time. They never wanted that way. We think that we can do freely as we wish. We were influenced so much by the western valuation, and think that we have our own life. Thus, we can do anything as we wish. Therefore, I always tell them that if it were your own life, then, were you born into this world with your own power? Or were you born with your own volition? I think that nobody can say; I was born by myself, or my own volition. I do not exist because there were my father and mother. And there were my grandfather and mother before them. And because of continuous inter-dependent

originations, I am here. In Buddhism, we call it "inter-dependent origination." It is the same thing with death. Everything is out of our hands no matter how much I except with my own measure. Death will come to us unexpectedly. That is the reason why we call an unexpected death. Death is beyond my calculation. We can not do anything toward our death. No matter how much I wish to die peacefully, thing will not go as I wish. When we wish to do as we wish, then, we will suffer more. Then, what shall we do? The thing is that we should detach from such *attachment of good and bad*. When you have pain, you should say ; it is painful. When you suffer, just tell that you are suffering. We should not mind how we will die. As a result, we will get settled down. It is not my own life after all. How about our past life? If it were my own life, or [Inochi] (life itself), then, it should be done as we wish. I have lived my life of 43 years. But nothing went well as I wished. Since I was born into this world, everyday, day after day, it is just a continuation of unexpected life. To tell the truth, I was born in the temple located in the midst of Mountains of Shiga prefecture. While I was attending school in Kyoto, I was adopted at the temple of Mie prefecture. And I had many things and opportunities until today. Everyday was a continuation of unexpectation and was beyond my thought for me. Even today and this moment is the same thing. If it were inconvenient for you today, then, we were not able to hold this seminar. If it ware inconvenient for me, then somebody must be talking on behalf of me. If it were so, this moment was not with us. From this example, we will find that our birth and death must beyond our thought. We are sustained by something grand.

Therefore, we can not do anything toward our birth-and-death. "Songoku" found in the story book once flying in the sky, riding on the cloud, found themselves on the palm of Sakyamuni Buddha. Like this, we are supported by something grand power. However, we have calculation, good or bad, length of our life---long or short, good or bad for dying. And we suffer much from our own calculation. It is the same with organ trans-

planting. It is good if one can extend his own life with it in the bottom of heart. They think that others are all happy, and I am only unhappy. This is clearly the mind of calculation. We never see the reality as it is and think that this self is a victim of it. It is none other than the mind of calculation.

4. Being or non-being after death

There was a movie called a little Buddha in America. It is a movie based on the Tibetan Buddhism, and gave much impact to all over the world. Life and death problem is a big issue and is one of the projects to study in America Universities. Because of an influence of this movie, I often receive a question after lecture. In the orient, people ask me about transmigration and incarnation, the land of Bliss and Hell, and the world after death from Buddhist standpoint of view. There is famous actor who believes that there is the world of spirits after the death. If you like it, think it over by yourself. Probably, you will never get any answer until you will die. Once Buddha Sakyamuni received a question if you have the world of spirit after death, or not. At that time, He answered ; [to elucidate the world after death is truly logic of falsehood. In conclusion, it is a false statement. In other word, it is none-sense. [There will be, or not be a world of spirits after the death. It is not necessary to think about it.] said Sakyamuni Buddha.

After one's death, there is great world of the spirits, or is a paradise. Even one thinks that way, how can you make sure about it. Generally speaking, they think that if one dies, that is it, and if one dies, it will become just ashes. Even if he thinks that way, and no matter how deeply one thinks about it, no one had returned from there and no one can make sure it. Therefore, to think about itself is to get into illusions. The world after death itself is not illusive world. But to think about it and to be indulged in it is the world of illusions and palace of illusions and delusions. To be indulged in it is nothing but our calculation. It is good

enough if you do not know what you do not know. It is not necessary for us to think about it. It is wrong for ordinary people to think of the world beyond our knowledge with our petty brain. If you do not know what you do not know, that is good enough. On the contrary to this, if you want to decide anything with your own petty knowledge, it will give you a lot of sufferings. To think about our life it self, we have our own measurement and calculation, by which we wish to extend our life as much as possible. We will become crazy. It is something like Buddha whose function they think is to extend their lives. And they say it is a religion to get the true benefit. [Sokusai Enmei] (to be healthy and to have a long life), of if you give a lot of "Ofuse", you will have a long life, or your stroke will get better, or it is guaranteed that you can die suddenly. After visiting a temple where is very famous to be able to die suddenly through worship, a man died so suddenly with his car accident. Since then, I hear that no one will visit that temple. I think that we have tangle ourselves up with our own calculation, and we have been suffering from them. And we will continue to seek for all rulers of calculations, we say ; "Namu Amida Butsu for being able to die peacefully. Namu Amida Butsu for a long life, wishing that Paradise will exist." It is nothing but an extension of one's desires. This is wrong and different from Buddha. This person is just worshiping his own desires, utilizing Buddha. And it is not a benefit.

Many people will come to my temple in the New Year. I used to speak my Dharma-talks as follows ; "I think everyone worshiped Buddha and offered plenty of offertory. But there is no benefit as you expected in this temple. The thing is that I have to make clear to you, otherwise, I will get stuck if you say return the Osaisen---your offertory. However, when I consider carefully, there is one big benefit, the benefit to be able to know yourself, your heart to utilize Buddha to accomplish your own desires. You may understand what you have heard. Those who received such benefit, please raise your offertory."

Attached to one's measurement, one is using Buddha. That calculation is called "Passion and desires". This thing creates the world of Hell, and adversely makes us suffering. Therefore, true deliverance is to death from this calculation. No matter how much we think whether there is the world after our death, or not, we just fall into the abyss of perplexity and can not get any answer. Therefore, it is not necessary to think about it. We can not do anything no matter how much we wish to die peacefully, or smoothly, or to do what we can not do. Rather, we should say "sore" when it is painful for me, or "suffering" when we suffer. It is true relief, of deliverance. No matter how we die, when we accept the reality as it is, it is true deliverance. On the contrary to this, when use our own measurement, then, we will judge and criticize people. And we will have the feeling of inferiority, or superiority. When we have much attachment to this measurement, we call it "Ma" which means "Arrogance." If the thing goes well, we will have more arrogance which increases, and if the thing won't go well, we will have more arrogance which brings forth "inferiority". Being submerged between inferiority and superiority, we will lose ourselves. No matter how much we may have our own calculation that [Living is Plus, and dying is minus], everyone will die. Everyone is loser and must die. However, there is only one way that you will never die. I wish to tell you with my great service, especially for you. I will bestow the way not to die. One of the students said; "I have an interesting Book", in which it says [the way of not dying]. And on the side of the way of not dying, it says; see your next page. And when I saw the next page, do not be born into this world. This is just like question and answer of Zen Buddhism. If I were not born it is not necessary to die. Every one of you including myself, it is too late. We have lived for quite long time. And we are doomed to die. Standing on the valuation which says "living is plus and dying is minus". We are doomed to die.

One day when I had a symposium with medical donors, there is no word such as death in the medical Encyclopedia Death is great for doctors. Then how is it written? It is written in this way. [It is bad after one's expectation, or it is bad after one's sickness.] Therefore, the word of death is a taboo for doctors. Such thinking is recently questioned among doctors. No matter how much we are standing on the estimation "living is plus, and dying is minus, we find the following words in the [Tannisho] (lamentation of heresy) ; "when we feel much tried from sickness, and feel forlorn, if I might die, this is all my actions of passions and desires. "Yes, we are doomed to die since we were born. But we give our prayers with our many measurements. And we think that it is a deliverance to extend our measurement. And we will become eager to grasp it. And Buddhism is very interesting. More one wishes to grasp it, more it will go away. It is very strange. I n Buddhism, the world of deliverance is called "Pure Land". Then, where is Judo-"Pure Land"?

5. ABOUT JODO- PURE LAND

As you know that there are [Jodo sutras of three divisions]. According to the [Larger Sutra], it says ; [land where millions and billions is far from here miles away](1).

And [Amida Sutra] says ; [land passing millions and billions Buddhas' lands](2).

In contrast to this, [Kan Muryo Jyukyo — Meditation Sutra] says ; [Pure land is not far from here](3). The world of the great salvation is located far passing millions and billions Buddhas' land. But the [Meditation sutra] says ; it is not far from here. It is very contradictory statement. According to the [Main three Sutras of Pure Land Buddhism], on the one hand, it describes ; "It is very far from here." And on the other hand, it is not far from here. "It means that more you would like to grasp it, it will locate far. And if you abandon such thought, something wonderful world will be opened right under your feet. I think you can

see it.

According to the [Meditation Sutra], it says ; "Pure land is not far from here." What do you think about it? "IKKYU-san"(4) who is very famous with his wisdom said as follows ; Since he was a hair of Hino family, he must have had much close relation although the era is a little bit of difference.

[A black priest who looks so warm, wearing his muffler, I admire his teaching as number one in this world !]

I think you know whom I am speaking about. It is Shinran Shonin. He is wearing the Erimaki---muffler. Since "Ikkyu san" is a Zen priest, he talks rough, but is warm in his heart. This "Ikkyu-san" continues to say ;

[Amida Buddha, when you are awakened, he is not far from here, and when we get lost, he is in the west.]

Therefore, when we are attached to our own calculation, no matter how far we go, we can not find Him. When we are detached from being and non-being, He is not far from here. He does not mean here. But He is not far from here. According to the second letter of the [Matto Sho] written by Shinran Shonin, quoting words of the [Hanju San] written by Shantao.

[Those who have obtained the true Shinjin, are already equal with Tathagata and are known as Tathageta, even though they are defiled and doing nothing but evils. (Abbreviated). According to the [Hanju San] of the priest at Komyoji Temple, "Those who have obtained true faith are able to abide in the Pure Land", thus elucidated.]

Or, according to the Gathas beside the Gatha compilation, it says ;

[Since one has heard the boundless compassion beyond this secular world, we are none other than the ordinary person repeating transmigration of birth-and-death. No matter how defiled we are with passions and desires, our mind is already free in the Pure Land.]

[Uro no Eshin] (defiled body with passions and desires) means us who are nothing but ordinary persons. Having passions and desires, we are able to abide in the Pure Land and free in minds. In other word, we stay in the Saha world. But when we are detached from the mind of calculation, we can be free as if we are in the Pure Land. [Our mind is able to abide in the Pure Land], thus he is telling us.

We are thinking that there will be a wonderful world after we continued to seek for with our own calculation. However, it was nothing but an extension of our desires, which ends up with long and short of life, or good and bad way of dying. Shinran Shonin says in the [Matto Sho] as follows ;

[Zenshin never talks about good or bad for ending part of one's life]

Zenshin means Shinran Shonin. For myself, I never talk about the ending part of one's life, good or bad. When we detached from it, we can find ourselves much settled. When you talk about long and short life, at the age of fifty, this way, or seventy, that way, eighty, abridged age, ninety, profitable, and one hundred, be talent. Other people are so. And I can be also so and so. And we take it for granted. However, it is not strange whenever we go since we are uncertain, beyond age, young and old. Our abridged age is about eighty years old. It is only number according to the abridged age. And we are always seeking for this abridged age to live, and wish to find something world of our salvation beyond that age. But there is not such a world, but only an extension of our desires. It one is attached with such a calculation, then, we will get

tangled with it. Our salvation is in the detachment, and become by ourselves as we are. Shinran Shonin says; in the [Jinen Honi] (naturalness according to the principles of Dharma) as follows;

[Jinen--- [Ji] means by itself. [Nen] means just let it go. Naturalness (Jinen) is beyond our thinking of badness or goodness.]

Detach from goodness or badness. Abandon our calculation. Long (life) is good, and short (life) is bad. It is not so. Life is plus, and death is minus. It is not so. No matter how much we seek for goodness and badness, everything is beyond our thought and expectation. But there is a world as it is. It is naturalness. When we stand there, the serene world is just open in front of us. In other word, we are embraced by great hand of Nature and find that we can not do anything by our own power. We are supported and embraced beyond our thought. In Buddhism, we call it [Fushigi] (wonder). It is beyond our thinking. We should not think about it. It is a wonder. I think that we calculate what we should not calculate, therein we have all sufferings brought forth. In other word, the world beyond our thinking, [Amida Buddha, when awakened, is not far from here].

Do you know the story of [Blue bird] written by Metellink. Two children, chiruchiru and micheal travel together to find blue birds which brings happiness. However, no matter how far they went, they could not find such blue bird. One day, they went to grave side, and were told to search for it under the grave. So they went there. Do you know what it means? They could not find there either. Then, they came home after their long trip, and suddenly found the blue bird right in their house. They found it in their hearts. Therefore, more they searched, more far they go away. On the contrary, when detached from such thought, and leaving everything to the hand of greater life, therein we will find the world of serenity. Some people say something about thing as it is as follows; [then, we can do anything as we wish], in other word, we can do

anything as our desires occur]. It is none other than [Waga Mama] (ego -centeredness).

6. World of [Meditation Sutra]

I think everyone of you know well on the [Meditation Sutra]. First of all, there was a tragedy of Rajagrha (the Capital of Magadha). What tragedy was it? The king Bimbisarha and queen Vaidehi did not have any children. Then, they asked fortune teller who said ; there is a hermit practicing in the deep mountain. And when he will finish his practice, he will be born as your son. But they could not wait until then and finally killed the hermit. Soon a child was born. He was named "Ajatasatru". And He found a secret about his birth. He was told on his birth by Devadatta. Ajatasatru prisoned him in the cell. Queen Vaidehi carried all foods to the king in the prison, but was soon found and imprisoned again. Consequently, the king died from starvation. Vaidehi begged Sakyamuni Buddha as follows, facing the Vulture peak from the prison. [Please teach me a place where we do not have any sufferings. I wish to be born there.] (5) And Sakyamuni Buddha responded to Vaidehi and preached her.

According to this [Meditation Sutra], Ajatasatru called her mother ; [My mother is a traitor], and Mother said ; [Oh. The World Honored One, what was my past karma, which brought forth this evil child? The World Honored One, What cause and condition do you have in relation to Devadatta ?] (6) Mother calls his son, evil child, and child, his mother as a traitor. Relationship between mother and child is completely broken. Therefore, this sutra was understood to re-consider the relationship between mother and child. And it was very important theme to think about the human relationship especially at the time of economical growth. Understanding of sutra in such way is understandable. However, when we carefully read the [Meditation sutra], we will found out Vaidehi's Enlightenment is called [Mu Sho Nin] which means realization to the endless Life. Vaidehi's problem is not simply recovery from the relationship

of child. The king was imprisoned. Now, she was imprisoned. She is directly facing death. It is a great subject for her to find the way how to transcend her own life-and death. From this standpoint, I think we should read and look at the [Meditation Sutra].

Then, we can see something very interesting thing. In America, there is a scholar of psychology, (psychologist), Ross Kuplar. She classified the process of dying from terminal person in chart. First, they do not admit it. Next, they will get mind. Next, [negotiation]. Next, [Depression], and finally, [Acceptance]. There are very identical with psychological situation of Lady Vaedehi. For her, it was a big problem how to transcend death, directly facing death. To this, Sakyamuni Buddha taught her the meditative goodness, 13 ways of contemplation. To concentrate the minds through the contemplation of sunset, the contemplation of the ground, and the contemplation of water, and etc. , is the way of practices to overcome all hardship and hindrance. And next, He taught her non-meditative goodness's. It is the teaching to stop doing evil and instead, to do goodness. This is the central subject of the [Meditation Sutra][(7)]. Then, finally, Nembutsu is conclusion of this sutra. [You should retain this word. To retain this word is to retain the name of the Buddha who is infinite in his life.] When we read the sutra, Vaidehi gave up her practice at the 7 th contemplation, which is elucidated according to Shantao. So she bowed down her head. And when she raised her head, she saw Buddha Amida who was standing in the air. Amida Buddha stood up in the air. What dose it mean? Since it is sutra, it is expressed symbolically. It is an expression of [any practice is impossible for me] in Tannisho. She tried all practices such as contemplations or Virtuous deeds to transcend the death, but everything was in vain. Here, she saw Amida Buddha who was of standing before her. This symbolizes that she had encountered the Infinite.

In other word, she realized something a wonderful working of the absolute infinite, we call [Hongwan-Original Vow]. In other word, she real-

ized a grand power which is supporting her. As I previously mentioned, seeking for many methods in order to die peacefully, or admitting that it is good for doing many good deeds to obtain the right thought at the end of one's life, but these thought can not do anything when one faces death. Then, we thought that we can die peacefully, but we can not. Instead of cherishing such thought, the thought of dying peacefully, or poorly, when it is sore, you should say that it is sore. When it is painful, you should say that it is painful. When one leaves as he is, he finds something being settled down. In order word, [Jinen-Naturalness] means the Infinite. One shall realize something grand working in the grand hand. Queen Vaidehi was seeking for her salvation with her self power and measurement tenaciously extending, but sorry to say that everything was no avail. Every practice was difficult and was beyond reaching for her. At that time, she thought she could obtain the best way of dying, but she could not get it with no use of self-power. When she realize, she was already embraced and supported by the grand and infinite power. Therefore, it is not the teaching of the meditative and non- meditative, but only Nembutsu, which is the core of this [Meditation Sutra]. Shantao read this [Sutra] to learn that there is no order world than being supported by something grand and infinite, Amida.

Then, in order to lean about my life, this is really good sutra. At present, they are using the Buddhist sutras for terminal patients who are dying from AIDS at the coming home Hospice in San Francisco of America. It was two years ago when they introduced this Hospice trough the program of NHK to introduce ["BARDO THŌDOL" *The Tibetan Book of the Dead*] of Tibetan Buddhism. They were not only using ["BARDO THŌDOL" *The Tibetan Book of the Dead*], but also, [Nirvana Sutra] of Mahayana Buddhism. They take a stand, believe and know on the useless of self-power transcending themselves. There is no way of dying peacefully. Death in accord with one's convenience never comes upon us. However, we are so much attached with our own calculation. But when we encountered the reality, our measurement shall be broken into pieces.

Then, the world as they are shall be open. And the world which is neither good, nor bad for practices shall be realized. Consequently, we will find a relief. Therefore, I think that Shinran Shonin says ; "no matter how defiled we may be in this Saha World, our minds are quite free as if we play in the Pure Land." I wish to tell you some concrete examples as follows ;

7. Examples of last terminal patients.

This happened at Hamamatsu, Japan. Her younger sister became cancer. Her elder sister was attending the special Seminar which was held at [the study class to think about death and life.] Through such chance, she became a follower of Shinshu. And this is just an example that she transcended her death through the teaching of Shinshu. I would like to introduce a letter which I have received.

[I used to pass the road under the tunnel of the white cherry blossom which branches stretch so straight and pass into the storm of the white cherry blossoms to go to the hospital, and now, see the green leaves of them over the sky. I am sorry for writing my letter to you so suddenly. Please accept my apology. On that day, I have found two books, [Mind and Buddhism to see Death] : [Thinking of death and life], and have read them in a hurry. As I was reading it on, I was afraid to be delayed in my mind and felt regret since I had a lot of other things to do. I was very impressed with the story of father, Mr.Hirano, and Elder brother of Miss Keiko Hirano. (I was not certain in the beginning.) The this is that I found out my sister's cancer of the bosom just one day before I attended the seminar which was held at Higashi Betsuin, Nagoya, in the first year of Heisei, which is just about 8 years ago. That morning, I have had a heated discussion with the chief doctor, and did not like to attend the seminar but couldn't help because of my own job. Although I had attended seminar, and learnt the teaching of Jodo Shinshu, What was

I doing that day ? (This letter was written after two years of the seminar). The thing is that I was so much attached to my sister-----encountering at that time was very impressive and strong impact. The impressive Life and Death of Akiko Suzuki San and at the same time, the detailed life of my sister from now on were expected and seen, and made me so destructive. The thing is that when I was 3 years and eight months, and my sister who was 7 months old, our mother passed on from Tuberculosis. My mother was 28 years old. We were brought up by my grandmother since my father lived just in front of her house. We supported and helped each other at all times. Especially, my mother said at her death bed--- [Micchan, Tanomu-ne, please look after] which stacked in heart. Since then, I was just like mother and friend for my younger sister. Since the time of childhood, adulthood, even after marriage, we were so close to share happiness and sorrow, and we were just one in two bodies. Therefore, if she could become much better from her sickness, I would mind to go to the end of this earth to help her. But now, I can not do anything to her. I wish to make her much easier upon her suffering. I wish I could substitute her. But now, what can I do? But I just wish to do something to her. Please give me hand. And this is my own selfish favor. Please, may I ask for your favor? My sister is 45years old. Her husband is 46 years old. The oldest daughter is the second grade of the Intermediate school. The second daughter is 4th grade of the elementary school. My sister is bedridden everyday. At the end of the week, I visit her and stay with her. Yesterday, I gave a copy of article written by Toshiko Kawamura. The title is [Being led by Buddha white fighting with cancer. I am concerned with her response to this. She said ; "I will read it when I feel like". But she had read it all in one time.

That person was devoted to Jodo Shinshu, but I have nothing, and am impossible---Although I wanted to recommend some books on the other cancers, but did not have much courage to do so. Sensei, we are quite short in knowledge but could you find somebody who can talk to us in the district of Hamamatsu, or some books to understand better? Please

teach me anything if you know to take off her sufferings. The thing is that I have just attended your seminar for two years ago.]

I have received the above letter.

The Hamamatsu district does not have many members of Jodo Shinshu. I have one teacher of University who is helping us in Shizuoka. Thus, I wished to correspond with her. Then I suddenly had to go to America on my business. And I left Japan in June and returned home in the beginning of November. During that time, I have received the following letter.

[After the rice harvest, new shoot started again from the roots. I am moved to see the change of time. You have been abroad for a long time. Welcome home. You must have been tires from your trip. Before your trip, I am very sorry for giving you a lot of trouble and worry. In spite of the best care, my younger sister had returned to the Pure Land on July 29. She was 46 years old. She just made 46 in July 24. I was encouraged so much by your letter. I tried my best to listen to the story, and tried to tell her. Then, she had a sudden complication by which she became worse in her sickness. I was not able to tell her even one tenth of the story. I have given my sister your book [Introduction to Buddhism from Sorrow] with news bulletin of your study class together. My brother in-law also accepted her sickness, and used to tell her the story little by little at every moment possible. Sometimes, my sister said ; my husband speaks something similar like my sister. After I sent my letter to you on September 29, I took my sister home in order to take care of her more in natural way and beside that, they said that they were not able to do anything to her at the hospital. She was able to do about her own chores. It was the beginning of July when she wanted to stay with family. I purchased some commercial medicine for her. She had some complication with the medicine, and was not able to move. From July 10, my sisters' husband took vacation from his company and took care of

her. I and all daughters gave her support. Especially, I took in change of communicating with Doctors. When I was together with my sister, she cried saying ; [To die is scared.] Since you are going to the Pure Land where your father and mother are staying, and you are doing all right with Nembutsu to go to the world of Amida-sama. I am sure your father and mother will protect you. I said ; "I am also going there, holding her hand firmly. "It was really sad time. My sister said : "I know, I know, Oh sister. I know you are surely coming. But can you come after you do what I can not do to my daughters. I am waiting for you. And she repeated "Namu Amida Butsu, Namu Amida Butsu." Then, many friends visited her and said to her ; "Ganbare---don't give up your hope" for many times. I felt very depressive from hearing their encouraging voices. And I wanted to say something. At that time, brother in-law started to say in this way. Can you buy Reverend's Books as many as possible, and share the books to many friends and read the books. I think I can help my wife with books, not the voice of "Ganbare". My brother in-law understood her feeling. I was very shocked to hear his saying].

I often hear people say "Ganbare" "Don't give up" since your children are small. However, to that patient, it is a very shrewd word, isn't it? It tells him that health is good, and sickness is not good. Life is plus, and death is minus. Therefore, you should not give up your hope. However, to that person, who knows death is near, he does not know how to be "Ganbaru", although they speak about not giving up. Since you are healthy, you could say like that. I am going to die. There is no conforming. Then, this elder sister said ; I am doomed to die. I am also going there. Can you wait for me? And this word tells us that I am also doomed to die. And this is reality. Whether one is healthy, or not, one is doomed to die. Here is a world of indent-echoing together, which is the greatest gift and support.

[High fever and exhaustion made the patient not to sleep, and asked

the family to take him to the Hospice. Previously, his friend's mother was treated well at the hospice. His friend asked by telephone who is going to the hospice? Then, my friend was shocked to hear that it was my younger sister. She had prepared everything and was confined at the Hospice on July 20. My sister told a Christian clergy that she was a devoted to Jodo Shinshu. She said that she will recite Namu Amida Butsu and will go to her father and mother's place. And she clearly refused the Christian story. She told her chief Doctor about her husband and my self for a long time. And I have heard it later on. She was very serene for a couple days after hospitalization. But later, she was repeating off and on in her consciousness. Two children, her husband, mother in-law, and I accompanied her by turn. Children prepared meals, helped something to return, and gave massage on her legs, and took care of her. And the oldest daughter took care of her bowels, wishing to see her last duties toward mother. It was July 28, night when everyone returned home except my brother in-law and me. We talked about her childhood. Then, she breathed out very quietly. We were taught the teaching of Nembutsu for not too long ago. And we were not directly taught by anyone, but we ordered books from one to another to [Hozo kan] where they handle only Buddhist books. It was learning by individual---much sundry study. And as sister's sickness advanced, I delivered the teaching partially. Probably, my sister did not understand it. However, reciting of Nembutsu, and being protected by Amida Sama, and returning to the Pure land where father and mother are abiding, are everything to her. The letter which was written in running by brother in-law is enclosed here with mine. (abbreviate).

My sister trusted to say Nembutsu and to return to the Pure Land. And it was a great supportive power. I am so sorry for writing this long letter. I am thinking that the teaching of Jodo Shinshu which I have learnt through my sister's death will be my starting point. And I truly wish to inherit it to my family. And from now on, I wish to participate in the study class as much as possible. May I ask for your guidance ?]

And there was a Waka, poem made by her sister. It reads;

[Every day ordinary livelihood, how grateful it is! I do not need any dramatic ending !]

I believe that she is leading the life of Naturalness. It is truly not necessary for anybody to die smartly. It should be good as it is.

This person did not have any inter-depending relation with Jodo Shinshu. She just came into our study class and picked up some books on Jod Shinshu and told the Jodo Shinshu teaching to her sister, and sent her to the Pure Land. This is just an example. She was not able to die in smart way. However, she was very serene. I often hear that we can you do with difficult teaching of Jodo Shinshu to the person who is going to die. Even healthy guys like us have hard time to understand it. What can we get? Such feeling is working. On the contrary to this, a person who is facing death, and who abandoned his position, fame, and all assets which does not have any meaning at all, can accept straight the world which is detached from being and non-being, beyond the self. It is not good, nor bad. It is beyond good and bad. It does not need any measurement. Therefore, we are taught by them instead of the ordinary people. Shinran Shonin is teaching us that we should know about it from our daily lives, and not at the time of dying. It is every day practice. When we look at the death in our daily lives, life in response to it shall be seen. We put it taboo, or something defiled, or bad luck, or avoid it. Then, we can not see the true meaning of life. From the daily life, if we have questions on it, then such world is open to us. Although we are living in this defiled land and are one filled with passions and desires, and yet are quite free as if we play in the Jodo. I believe and this is my understanding that Shinran Shounin taught the world of having received such Shinjin, the world beyond calculation of birth-and-death.

NOTES

(1) "BDK ENGLISH TRAIPITAKA" "THE THREE PURE LAND SUTRAS" (Numata Center) p42

(2) "BDK ENGLISH TRAIPITAKA" "THE THREE PURE LAND SUTRAS" (Numata Center) p121

(3) "BDK ENGLISH TRAIPITAKA" "THE THREE PURE LAND SUTRAS" (Numata Center) p97

(4) IKKYUsan (1394 - 1481) Japanese Zen Buddhist

(5) "BDK ENGLISH TRAIPITAKA" "THE THREE PURE LAND SUTRAS" (Numata Center) p95

(6) "BDK ENGLISH TRAIPITAKA" "THE THREE PURE LAND SUTRAS" (Numata Center) p95

(7) "BDK ENGLISH TRAIPITAKA" "THE THREE PURE LAND SUTRAS" (Numata Center) p117

(Translated by Hosen Fukuhara)

Hosen Fukuhara: ex-Bishiop of Higashi Hongwanji Misson of Hawaii

初出一覧

Ⅰ

一、「得無生忍」による生死の超越─曇鸞の課題と『観経』理解の一つの視座─
　『真宗研究』第三九輯、一九九五年（真宗連合学会）
二、法然と南都浄土教─善導『観経疏』の受容をめぐって─
　『同朋大学論叢』第九八号、二〇一四年、同朋学会（同朋大学）
三、「信能入」と「疑所止」の往生論─源信・源空・親鸞の教系から─
　『東海仏教』第五一輯、二〇〇六年（東海印度学仏教学会）

Ⅱ

一、親鸞教学における「諸仏」の地位
　『真宗研究』第二三輯、一九七五年（真宗連合学会）
二、親鸞の「信心仏性」について
　『同朋仏教』第四六・四七合併号、二〇一一年、同朋大学仏教学会（同朋大学）
三、真門における「行」「信」の意義
　『真宗研究』第二五輯、一九八一年（真宗連合学会）
四、「前念命終　後念即生」考
　『同朋仏教』第五二号、二〇一六年、同朋大学仏教学会（同朋大学）

五、「転」と「即」—親鸞の他力救済の内実—
『同朋仏教』第四三号、二〇〇七年、同朋大学仏教学会（同朋大学）

六、親鸞における神祇の「不拝」と「不捨」について
『真宗研究』第二九輯、一九八四年（真宗連合学会）

Ⅲ

一、親鸞における否定的側面と方便—『歎異抄』を発端として—
『同朋大学仏教文化研究所紀要』第四号、一九八二年（同朋大学）

二、慈悲の「かわりめ」考—『歎異抄』第四条試解—
『真宗研究』第五九輯、二〇一五年（真宗連合学会）

三、『観無量寿経』所説の三福と『歎異抄』について
『宗教学研究』第六一巻、第四輯、一九八八年（日本宗教学会）

四、『歎異抄』の「右斯聖教者……」の付文と禁書説について
『閲蔵—同朋大学大学院文学研究科紀要—』第一〇号、二〇一四年（同朋大学）

Ⅳ

One's mind is totally free in the Pure Land —Learning from the [Meditation Sutra] —
『同朋大学論叢』第九一号、二〇〇七年、同朋学会（同朋大学）

あとがき

私の主専攻分野は真宗学で、その応用分野として、医療との関わりを研究してきた。思えば、一九八三年、三十歳の折に、私は同朋大学文学部仏教学科専任講師として採用していただいた。以来、ここを本務大学とし、大谷大学、名古屋大学医学部、同医療技術短期大学部、静岡大学人文学部、金城学院大学現代文化学部、同短期大学部、東海学園女子短期大学、飯田女子短期大学、金沢大学、藤田保健衛生大学医学部など多くの大学で非常勤講師としても教壇に立たせていただいた。また、海外では、一九九二年の米国カリフォルニア州立大学の客員研究員としての留学以来、一九九五年には、ハワイ大学のデービット・チャペル教授の招きでマノア校、東西宗教研究所のサマーセミナーの講師を、九六年、九七年には、同大学のハワイ島やカウァイ島のキャンパスでも特別講義を行った。一九九三年から三年間、毎夏ブラジルのマリンガ大学、アラサツーバ・トレード大学、サンパウロ総合大学などでも特別講義をさせていただいた。そのうち、英文の講義録はハワイ大学（マノア校）及びAwakening Press（ホノルル）から、またポルトガル語に翻訳されたものは南米真宗教学研究所（在サンパウロ、南米本願寺内）から出版されている。生死を課題にした仏教理解が、アメリカ留学を機に世界に広がっていった。二〇〇四年には、大谷大学から「親鸞浄土教における死の受容と超越」で博士の学位を授けていただいた。また、二〇一五年には、自ら設立し、代表を務めるビハーラ医療団が第四十九回仏教伝道文化賞沼田奨励賞を受賞した。このように、三十余年にわたり、同朋大学の研究室を拠点に活動を続けてきたが、二〇一八年三月には、定年退職を迎えることになる。

ぼちぼち、身辺の整理をと思い、論集の刊行を思い立った。最近書いた論文九本と、若いころに書いたもので斯界で評価をいただいたもの四本、それに英文を一本収載することとした。英文のものは、一九九五年にハワイ大学で講じたもので、当時の東本願寺ハワイ別院輪番、福原法仙先生が、私の原稿を修正改作してくださったものである。これらは、いずれも、主専攻である真宗学に関する論文である。

二〇〇四年、学位論文を『親鸞の生と死〈増補版〉』とし、それまでの成果を含めて出版し、その後も学術書を二冊上梓した。本書にはそれらに含まれていないものを収載した。

大学の教員であるから、論文を書くのは仕事であるとはいえ、雑務に追われていたのと、何よりもまして小生の懈怠により、満足のいくものになっていない。しかし、何らかの形として残し、後学の人の思索や研究の一助になれば、との思いから刊行したまでである。

定年退職を前に改めて思われることは、恩師の学恩である。学生時代にご指導くださった大谷大学の藤原幸章、細川行信両先生、それに同朋大学でご指導くださった池田勇諦先生、さらに私の眼を世界に広げてくださったカリフォルニア州立大学の目《み》幸黙僊《ゆきもくせん》先生、医療の分野に導いてくださった名古屋大学医学研究科の勝又義直先生、これらの先生がおられたからこそ、今の私があり、今日までなんとかやって来られたのである。諸先生の学恩には心から深々の謝意を表したい。

なお、本書の出版にあたっては、方丈堂出版社長光本稔氏、同編集長上別府茂氏にたいへんお世話になった。
また、本書出版のため同朋大学の特定研究費の助成を受けたことを申し添えます。

二〇一六年十一月　　著　者

田代俊孝（たしろ　しゅんこう）

1952年滋賀県生まれ。大谷大学大学院博士後期課程満期退学。カリフォルニア州立大学客員研究員、同朋大学助教授、教授を経て現在、大学院文学研究科長・教授。名古屋大学医学部生命倫理審査委員・同講師。博士（文学）。ビハーラ医療団代表。日本ペンクラブ会員。
主な著書に、『親鸞の生と死〈増補版〉』『唯信鈔文意講義』『仏教とビハーラ運動―死生学入門』『親鸞思想の再発見』『悲しみからの仏教入門』『ビハーラ往生のすすめ』『人間を観る―科学のむこうにあるもの―』（以上、法藏館）、『ひと・ほとけ・こころ―非科学のいのち論―』（自照社出版）、『市民のためのビハーラ』全五巻（同朋舎出版）、『安楽死・尊厳死』（共著）（岩波書店）、『広い世界を求めて―登校拒否の心をひらいた歎異抄―』（毎日新聞社）、"BUDDHISM AND DEATH COUNSELING―Japanese Buddhist Vihāra Movement―"（Awakening Press）など多数。

親鸞教学の課題と論究

二〇一六年十二月十二日　初版第一刷発行

著　者　田代俊孝
発行者　光本　稔
発行所　株式会社　方丈堂出版
京都市伏見区日野不動講町三八―二五
郵便番号　六〇一―一四二二
電話　〇七五―五七二―七五〇八
発売所　株式会社　オクターブ
京都市左京区一乗寺松原町三一―二
郵便番号　六〇六―八一五六
電話　〇七五―七〇八―七一六八

装　幀　小林　元
印刷・製本　亜細亜印刷株式会社

ISBN978-4-89231-153-6